第3編　持続可能な地域づくりと私たち

本書の使い方

【　】は評価の観点を示しています。

❶教科書に完全準拠したノート

実教出版の教科書『地理総合』（地総702）に準拠。

❷空欄補充で学習内容を整理【知識・技能】

教科書本文の内容を，授業中の板書のように簡潔にまとめています。

教科書の重要用語（太字）を中心とした語句を穴埋めしていくことで，効率的に学習内容を理解することができます。

❸作業問題（ Work ）で地理的な学びをサポート【知識・技能】

教科書の図版をベースとした作業問題を豊富に掲載。

線を引いたり色を塗ったりして図版を完成させる作業を通して，地理的なものの見方の基礎を養うことができます。

❹教科書の問いに対応【知識・技能／思考・判断・表現】

Check 　教科書の Check に対応。文章の空欄補充や正誤選択など，取り組みやすい形に改変しています。
Workと連動したCheckも掲載。Workで完成させた図を読み解く技能や思考力を身につけることができます。

Try 　教科書の Try に対応。
その節で学んだことなどを活用して考察・判断し，表現してみましょう。

❺自由に書きこめるMEMO欄

一部のMEMO欄は学習テーマごとの導入や振り返りに活用できます【主体的に学習に取り組む態度】

導入　　：編・章・グループ単位の学習テーマに対して持っているイメージや興味関心のあることなどを記入

振り返り：導入を振り返って変化したイメージやさらに学んでみたいと考えたことなどを記入

（地図や地理情報システム：p.2,14　）（自然環境と生活文化　　　　：p.16,28　）（産業と生活文化：p.53　）
（宗教と生活文化　　　　：p.69　）（国家・民族・言語と生活文化：p.95　）（移民と生活文化：p.119）
（地球的課題と国際協力　　：p.120,132）（自然災害と防災　　　　　　：p.134,143）

その他のMEMO欄はフリースペースです。
Work や Check，Try に取り組む際のメモに使ったり，授業中の補足事項を書きこんだりできます。
自由に活用して自分だけのノートをつくってみましょう。

❻プラスアルファの技能を習得（ Plus Ultra ）【知識・技能／思考・判断・表現】

学習内容のまとまりごとに，地理的技能や思考力，表現力，判断力を試す演習問題を配置。

大学入試でよく出題される「地形図」など，教科書には掲載しきれなかった図版資料を活用した演習問題も掲載。

① _____

② _____

③ _____

④ _____

⑤ _____

⑥ _____

⑦ _____

1 球面と平面

地球儀と地図

地球儀：地球上での①□□，②□□，③□□，④□□を正しく表現

■さまざまな種類の地図がある理由をまとめた以下の文章を完成させよう

地図は，本来⑤□□である地表面を⑥□□上にあらわそうとするため，②③④のすべてを同時に正しく表現できない。そのため，地球を⑥上に表現するさまざまな⑦□□□が生み出され，⑦によって作られたさまざまな地図が目的に応じて使い分けられてきた。

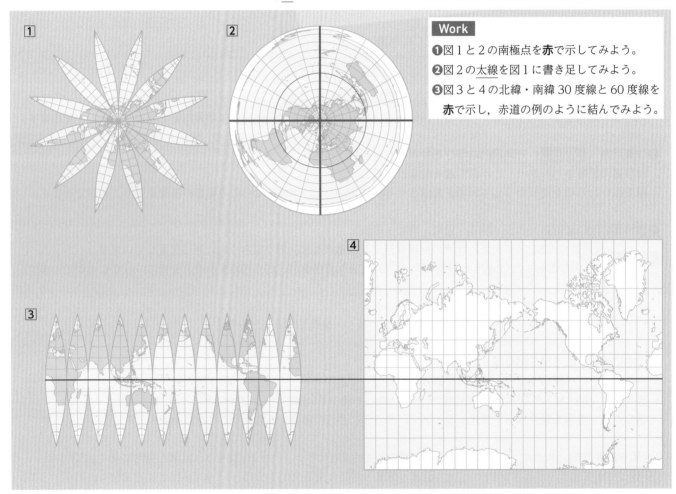

Work

❶図 1 と 2 の南極点を**赤**で示してみよう。

❷図 2 の太線を図 1 に書き足してみよう。

❸図 3 と 4 の北緯・南緯 30 度線と 60 度線を**赤**で示し，赤道の例のように結んでみよう。

■次の文章が正しい場合は〇，誤っている場合は×を [　] に記入しよう

[　] 図 2 は，地図の中心から任意の地点の距離と方位が正しい。

[　] 図 2 と 4 は，地図の中心点に近づくほど大陸の面積がゆがんでしまう。

[　] 図 4 は，赤道に近いほどゆがみが大きくなっている。

導入
memo

② 緯度と経度

緯度の違いと生活

高緯度地域の特徴：北極圏や南極圏＝①□□

夏至のころ⇒太陽が一日中沈まない②□□

冬至のころ⇒一日中太陽が沈んだ③□□

経度の違いと時差

経線：ロンドン郊外の旧グリニッジ天文台を通る経線

経度0度の④□□□□□

：地球は自転しており，1日で360度回転する

⇒経度15度ごとに1時間の⑤□□が生じる。

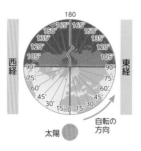

■ **次の文章が正しい場合は〇，誤っている場合は×を［　］に記入しよう**

［　］ある地点から東に離れるほど時差はプラスされる。

［　］日付変更線を東向きにこえる場合は日付を1日進ませる。

［　］日付変更線を西向きにこえる場合は日付を1日戻す。

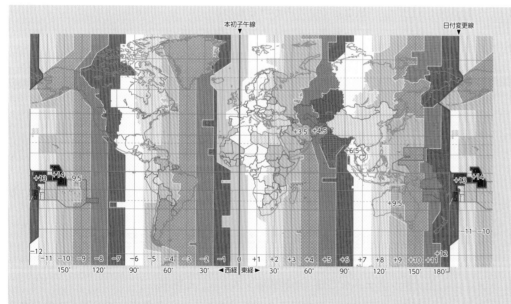

Check & Work

❶本初子午線と日本の標準時子午線を太線でなぞろう。

❷東京のおおまかな緯度と経度を地図から読み取ってみよう。

北緯：

東経：

❸東京が1月1日午前8時のとき，ロンドンは何月何日の何時となるか。

　　　月　　　日　　　時

①
②
③
④
⑤

memo

Try ▶ 「緯度による人々の生活文化の違い」についてまとめた次の文章のうち，誤っているもの，適当でないものをすべて選んでみよう。

［　］高緯度の国では，夏の日照時間が短く，冬の日照時間が長い。

［　］高緯度地域では，通常よりも時間を早めるサマータイムを導入している国がある。

［　］アメリカ合衆国やロシアは，複数の標準時を設定している。

［　］広い国土をもつ中国も，複数の標準時を設定している。

① _____

② _____

③ _____

④ _____

⑤ _____

⑥ _____

⑦ _____

⑧ _____

⑨ _____

⑩ _____

memo

....

....

....

....

....

....

....

....

....

....

....

③ 日常生活のなかの地図

地理情報と地図

次の文章が正しい場合は〇を，誤っている場合は×を ［ ］ に記入しよう。

［　］ 地図は，地理情報の位置や分布を把握する手段として，古くから利用されてきた。

［　］ 紙の地図上で地理情報を重ねあわせることはできないが，距離や面積を分析することで，自然・社会の現状を把握することができる。

［　］ 地図情報を適切に地図化することや，地図を正しく読図することは，課題の解決につながる重要な能力である。

身近にあるさまざまな地図

さまざまな地図

　地　図：①□□□と②□□□とがある。

　一般図：代表例は国土地理院発行の③□□□

　　　　　　③…地形や水系，幹線道路網や土地利用といった基本的な④□□□□を含む

　主題図：特定の地理情報を提供するために作られた地図

　具体例：⑤□□□（駅などでよくみかけるもの）

　　　　：⑥□□□□□（旅先などでよくみかけるもの）

　　　　：⑦□□□□（統計調査で得られた数値やその分析結果をあらわしたもの）

　　　　：⑧□□□□□□（各種災害の被災度を予測したもの）

デジタル地図の普及

現代社会の地図

　⑨□□□□□□：さまざまなスケールの空間を連続的に確認することができる

　　　　　　　　⇒⑩□□□（全地球測位システム）などのデータを利用している

次の文章が正しい場合は〇を，誤っている場合は×を ［ ］ に記入しよう。

［　］ デジタル地図は，地理情報を重ねあわせて分析することが容易であり，こうした分析システムを GIS（地理情報システム）と呼ぶ。

［　］ デジタル地図には，現在地から目的地へのルートを検索して地図上に表示するものがあり，GIS の利用は身近なものになっている。

［　］ デジタル地図は，一度に確認できる範囲が利用する媒体の画面の大きさに制限されない。

［　］ デジタル地図は，電波の受信状況によらず，いつでも利用可能である。

Check & Work

❶ 地形図のなかから「市役所」「学校」「神社」を探し、○印をつけてみよう。

❷ 市役所から逗子海岸に最も近い学校までの直線距離を測り、実際の距離を計算してみよう。

❸ 市役所付近にある神社と「新宿（五）」付近にある神社のおおまかな標高差（比高）を計算してみよう。

▲ 逗子市中心部。25000分の1地形図「鎌倉」（実寸）

memo

■ **下線部が正しい場合は○を、誤っている場合は正しい語句を記入しよう。**

生徒Ａ：上の⑪一般図は⑫福岡市の人口増減数について、円の色と大きさをかえることで表現しているね。⑬０人を基準に色がかわるから、各区の人口がどのくらい増減したかを一目で確認できるね。実際に図をみると、⑭北区の人口が一番増えているね。

生徒Ｂ：下の図は、人口密度をあらわしているね。それぞれの区の人口密度を比較できるから、自分の住んでいる区が⑫福岡市全体のなかでどういう位置づけにあるかを確認するときに役立ちそうだね。実際に図をみると、⑮西側にある区は、⑯東側にある区と比べて人口密度が比較的⑰高いことがわかるね。

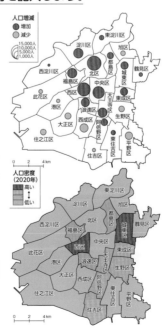

⑪ _____

⑫ _____

⑬ _____

⑭ _____

⑮ _____

⑯ _____

⑰ _____

④ 国家の領域

①＿＿＿＿＿＿

②＿＿＿＿＿＿

③＿＿＿＿＿＿

④＿＿＿＿＿＿

⑤＿＿＿＿＿＿

⑥＿＿＿＿＿＿

⑦＿＿＿＿＿＿

⑧＿＿＿＿＿＿

⑨＿＿＿＿＿＿

memo

領域と海域

国家の3要素：①□□・②□□・③□□
　　　　　　　　└──── 主権の及ぶ範囲
　　　　　　　　└──── 国民の活動する基盤となる空間

国家の領域：④□□・⑤□□・⑥□□からなる。

　　　　　　④…国連海洋法条約によって低潮時の海岸線から最大⑦□□海里の範囲と定
　　　　　　　められており，多くの国がこれに従って設定をしている。

　　　　　　⑥…④と⑤の上空。他国の航空機は⑥を自由に飛行することができない。

宇宙空間(大気圏外)(国家の主権が及ばない国際的空間)
(⑥)　　　　　　　　　　　　　　　　公空
　　　　　　　　　　　排他的経済水域
　　(④)　接続水域　　漁業資源など天然資源を　　　　公海
　　　　　　　　　　保存・管理する権限などを
　　　　　　　　　　行使できる範囲
(⑤)　　　　　　　　　大陸棚
　　　　　　　　　　地理的条件により
　　0　　(⑦)　24　200海里をこえる　　　200
　　基線　海里　海里　場合がある　　　　　海里
　　　　　　　　　　　　　　　　　　　　　深海底
1海里＝1,852m

Check & Work
❶主権の及ぶ範囲を**赤線**で示してみよう。
❷沿岸国が自由に漁業できる範囲を太線で示してみよう。
❸他国が自由に航行できる空と海の範囲を**青線**で示してみよう。

■ **次の文章が正しい場合は〇を，誤っている場合は×を［　］に記入しよう。**

［　］各国は海岸線から24海里までの間に排他的経済水域（EEZ）を設けることができる。

［　］排他的経済水域内の漁業資源や鉱産資源は，他国が自由に利用することができる。

［　］沿岸国は海洋汚染の防止などを行い，排他的経済水域内を適切に管理しなければならない。

国境

⑧□□□□□…山岳国境（左上の写真）や，河川国境（左下の写真）など，自然の障壁を利用したもの。

⑨□□□□□…緯線や経線といった人工的な基準によって引かれたもの（右の写真）

5 日本の位置と領域

地球上の日本の位置

日本の領土：領土面積は約①□□万 km²

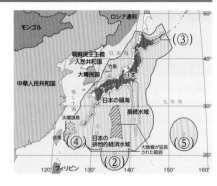

南端：②□□□□／北緯 20 度付近

北端：③□□□　／北緯 45 度付近

西端：④□□□□／東経 123 度付近

東端：⑤□□□　／東経 153 度付近

次の文章が正しい場合は〇を，誤っている場合は×を［　］に記入しよう。

［　］日本は領土面積に比べて約 2 倍の広い排他的経済水域を有している。

［　］資源の乏しい日本にとって，排他的経済水域は漁業資源や鉱産資源の確保にきわめて重要な役割を果たす。

［　］日本には資源をめぐり，近隣諸国との間で問題が生じている場所がある。

Work

❶日本の排他的経済水域の線をなぞってみよう。

領土にかかわる問題

北方領土：⑥□□□・③・⑦□□□・⑧□□□□からなる。

　　　　：第二次世界大戦後，⑨□□□による不法占拠が続いている。

竹　　島：1905 年に国際法に従って⑩□□□に編入した日本固有の領土。

　　　　：1952 年から韓国が一方的に竹島を自国領土と主張し，不法占拠している。

尖閣諸島：1895 年に⑪□□□に編入された日本固有の領土。

　　　　：周辺水域に埋蔵資源が確認されるようになった 1970 年代以降，中国が一方的に領有権を主張している。

> **Try** 北方領土をめぐる動向を確認してみよう。
>
> ・1956 年…⑫□□□□□□で，両国間で平和条約が締結された後には，歯舞群島と色丹島を日本に引き渡すことが合意された。
>
> ・1993 年…日ロ間で⑬□□□□の帰属問題を解決したうえで平和条約を締結すべきであるとの東京宣言が合意された。
>
> ・2013 年…⑭□□□□□□で早期解決に向けて努力することが合意された。

①
②
③
④
⑤
⑥
⑦
⑧
⑨
⑩
⑪
⑫
⑬
⑭

memo

6 国家間の結び付き

国家をこえた結び付き

①＿＿＿＿＿＿＿＿＿＿＿＿

②＿＿＿＿＿＿＿＿＿＿＿＿

冷戦：資本主義諸国（西側）　　　　　　　　　　社会主義諸国（東側）

| ①□□□□□□□□が中心 | | ③□□□□□□□が中心 |
| ②□□□□□□□□を結成 | | ④□□□□□□□□□を結成 |

◀▶

冷戦後：1991 年に③が解体

　　　：③を構成していたうちの 11 の共和国によって⑤□□□□□□□が組織された。

Work

❶②と④の加盟国をそれぞれ塗り分けてみよう。

*北極点が中央に配置された地図

次の文章が正しい場合は〇を，誤っている場合は×を ［　］に記入しよう。

［　］ 国際連合は（国連）は，1945 年に設立された。

［　］ 国連は，地球規模の課題の解決に向けて大きな役割を担っている。

［　］ 2019 年現在，国連には 193 か国が加盟している。

［　］ 2019 年現在の国連の加盟国数は，設立当初と比べて約 2 倍に増えている。

［　］ 国連の本部は，スイスのジュネーヴに置かれている。

③＿＿＿＿＿＿＿＿＿＿＿＿

④＿＿＿＿＿＿＿＿＿＿＿＿

⑤＿＿＿＿＿＿＿＿＿＿＿＿

⑥＿＿＿＿＿＿＿＿＿＿＿＿

⑦＿＿＿＿＿＿＿＿＿＿＿＿

⑧＿＿＿＿＿＿＿＿＿＿＿＿

⑨＿＿＿＿＿＿＿＿＿＿＿＿

⑩＿＿＿＿＿＿＿＿＿＿＿＿

⑪＿＿＿＿＿＿＿＿＿＿＿＿

⑫＿＿＿＿＿＿＿＿＿＿＿＿

⑬＿＿＿＿＿＿＿＿＿＿＿＿

memo

域内の結び付き

域内の連携の強化

　　⑥□□□□□□□□：27か国が加盟（2023年時点）⇒統一通貨⑦□□□の導入など

　　⑧□□□□□□：EUをモデルとしたアフリカの地域機関

　　⑨□□□□□□□□：東南アジアにおける地域機関

　　⑩□□□□・□□□□・□□□□□：北アメリカにおける地域機関

　　⑪□□□□□□□□：南アメリカにおける地域機関

環太平洋地域における経済協力

　　⑫□□□□□□□□□□□□□

　　　　：日本を含む⑬□□□□□□の21の国・地域が参加する開かれた地域協力組織

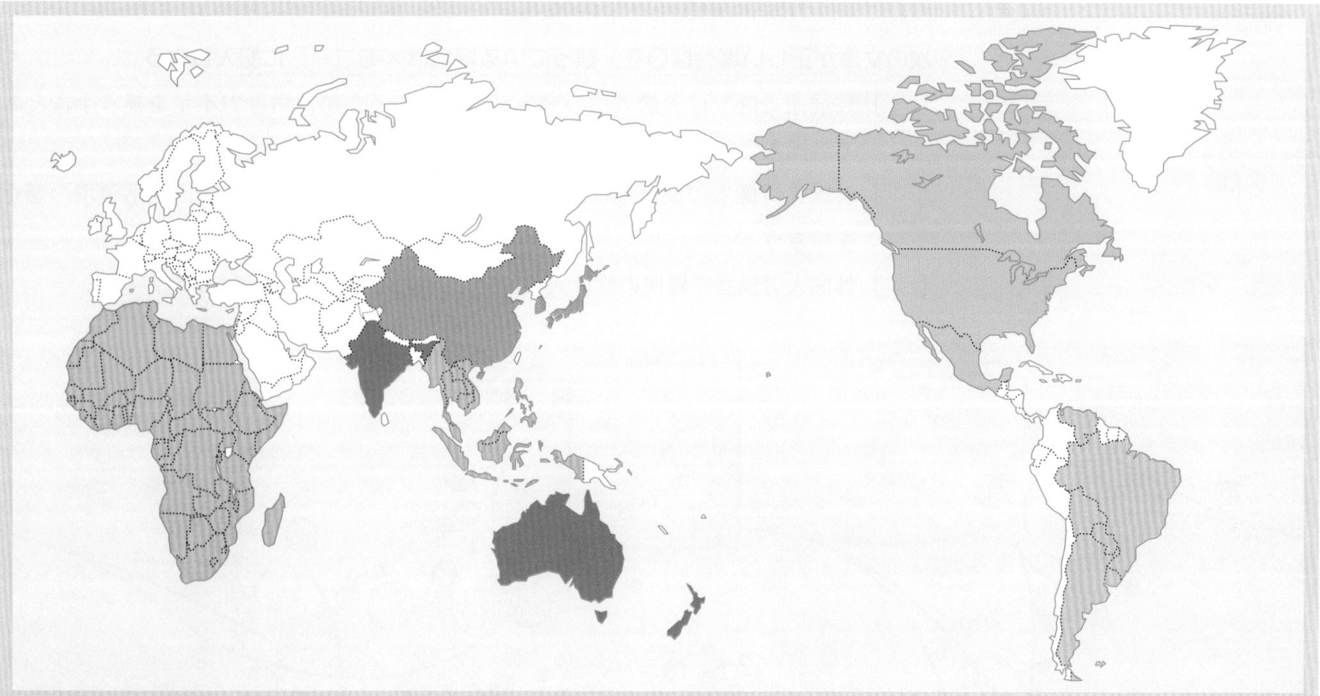

Check & Work

❶⑥の加盟国を青で塗ってみよう。

❷⑫の加盟国を太線で囲んでみよう。

❸⑥，⑧，⑨，⑩，⑪，⑫について，加盟国が陸続きで結び付いているものとそうでないものとに分類してみよう。

陸続き	陸続きではない

⑦ モノ・人・情報のグローバル化

① _____

② _____

③ _____

④ _____

⑤ _____

⑥ _____

memo

_____

_____

_____

_____

_____

国際的な経済活動

地球規模での経済活動

　：①□□□□□□の進展　⇒複数の国に生産拠点を置く②□□□□□が多数成立

　　　　　　　　　　　　⇒②には1国の③□□□に相当する収益の企業もある

労働の国際化

国境をこえた人の移動

　：発展途上国から賃金の高い先進国への④□□□や⑤□□の動きが盛ん

　：紛争などから逃れるために⑥□□となって周辺国へ移動する人々もいる

■ 次の文章が正しい場合は○を，誤っている場合は×を［　］に記入しよう。

［　］発展途上国では労働人口の減少がおきているため，労働力不足を補う手段として外国人労働者の雇用が盛んにおこなわれている。

［　］外国人労働者の雇用増は国内労働者の就職先を広げる一方で，生活環境の悪化を招きうる。

［　］外国人労働者や難民の受け入れに対し，反対する声があがる場合がある。

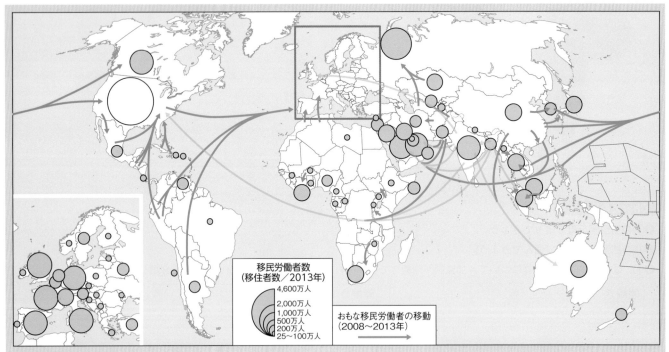

移民労働者数
（移住者数／2013年）
4,600万人
2,000万人
1,000万人
500万人
200万人
25〜100万人

おもな移民労働者の移動
（2008〜2013年）

Check & Work

❶アメリカ合衆国の移民労働者数を示す○を好きな色で塗りつぶしてみよう。

❷インドとバングラデシュから伸びている矢印を好きな色でなぞってみよう。

情報の結び付きと問題

情報のグローバルな結び付き

：光ファイバーケーブルを用いた⑦□□□□□□の敷設や⑧□□□□□□□の普及など

⇒世界中の情報をリアルタイムに受け取ることができるように

情報化社会の到来

：⑧を利用した商品購入や，⑨□□□□□□□□□上の資料検索が容易に

⇔情報にアクセスする設備や機会がかたよることで生じる課題も

└⑩□□□□□□□□

⑦

⑧

⑨

⑩

memo

図を説明した文章が正しい場合は○を，誤っている場合は×を［ ］に記入しよう。

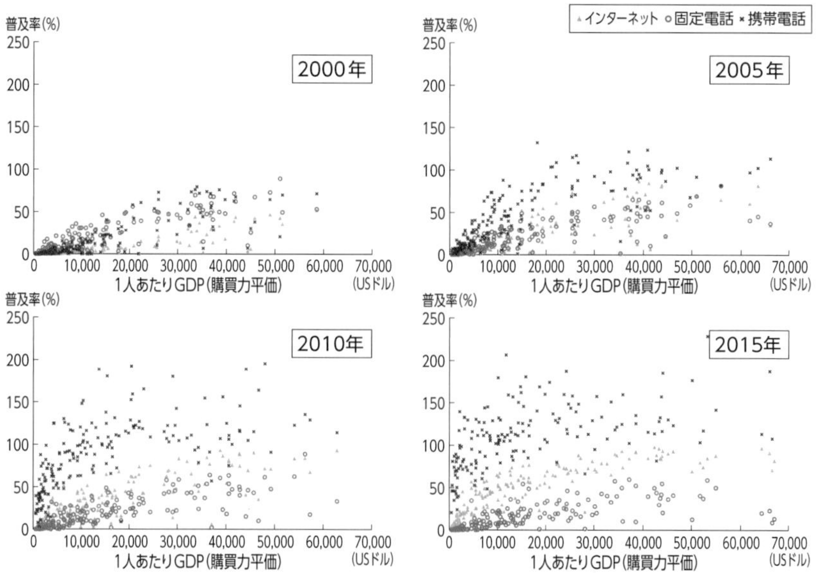

インターネット
固定電話
携帯電話
2000年
2005年
2010年
2015年
普及率(%)
250
200
150
100
50
0
10,000
20,000
30,000
40,000
50,000
60,000
70,000
1人あたりGDP(購買力平価)
(USドル)

［　］１人あたり GDP が低くなるほど，インターネットの普及率も低くなる傾向がある。

［　］固定電話の普及率は，１人あたり GDP に関係なく増加している。

［　］携帯電話の普及率と１人あたり GDP の関係性は近年薄れつつある。

Try 身近な生活のなかからモノ・人・情報のグローバル化によってかわったものを１つ探し出し，自分の言葉で記入してみよう。

8 世界の交通，物流と日本

世界の交通網

交通網の整備

　　:①□□□□の発明　⇒輸送手段が近代化

　　　　　　　　　　　⇒大陸横断鉄道網や大洋横断航路などの整備

国際航路の開通

　　:②□□□□□や③□□□□□　⇒大幅な距離短縮

① _____
② _____
③ _____
④ _____
⑤ _____
⑥ _____
⑦ _____
⑧ _____

memo

■ 次の文章が正しい場合は○を，誤っている場合は×を ［ ］ に記入しよう。

［　］物流の中心を担う船舶は，航空機に比べ重いものを大量に運ぶのに適しているが，コストが高くついてしまう。

［　］世界各地でタンカーやコンテナ船のような大型船が接岸可能なハブ港湾が整備され，物資の大規模集散地として機能している。

［　］航空輸送に比べて海上輸送は品物へのダメージは小さいが，輸送時間が長く，品質保持に課題がある。

航空機と鉄道の輸送

　　航空機：輸送費は④□□が，陸路や海路と比べて空路輸送は圧倒的に速い。

　　　　　　:路線の集まる⑤□□□□の整備が各地でなされている。

　　鉄　道：環境負荷が⑥□□□

　　　　　　:人の輸送に関しては世界各地で⑦□□□□が整備されている

　　　　　　　　　　　　　　⇒航空機と並び，⑧□□□□の縮小に貢献

■ 図を説明した文章が正しい場合は○を，誤っている場合は×を ［ ］ に記入しよう。

［　］鉄道による旅客輸送量の伸びが最も著しい国は，中国である。

［　］ロシアでは鉄道による旅客輸送量は減少したが，貨物輸送量は増加している。

［　］国土面積の大きい国では，旅客，貨物ともに鉄道輸送量の多さが目立つ。

日本の交通網の変化

陸上交通の高速化

　：橋や海底トンネルが大きな役割を果たしている。

　　本州×九 州：⑨□□□□□

　　本州×四 国：⑩□□□□□□

　　本州×北海道：⑪□□□□□

　⑫□□□：1964 年にはじめての路線が開業

　　　　　　⇒その後，北海道から九州に至る高速鉄道網が整備

　　　　　　⇒現在は，⑬□□□方式による超高速鉄道の計画が進んでいる

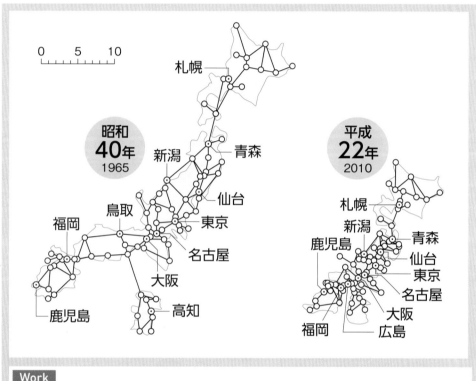

Work

❶東京から札幌までの時間距離がどれくらい縮まったか，測ってみよう。

❷時間距離の短縮があまり見られない地域はどこか探してみよう。

⑨ _____

⑩ _____

⑪ _____

⑫ _____

⑬ _____

memo

⑨ 観光のグローバル化

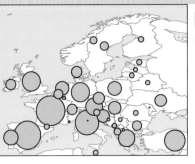

Check

❶図の内容を読み取ってまとめた下の文章が正しい場合は〇を誤っている場合は×を〔　〕に記入しよう。

〔　〕イタリアや中国は世界遺産登録数が多く，国際観光客到着数も多い。

〔　〕世界遺産登録数が日本と同じ階級に区分されている国はすべて，観光客到着数が3,000万人を上回る。

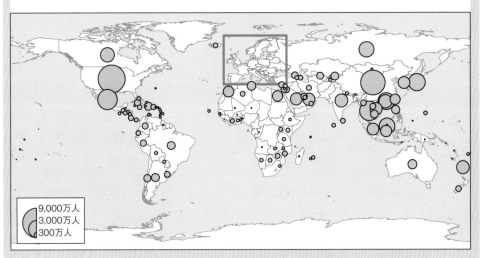

9,000万人
3,000万人
300万人

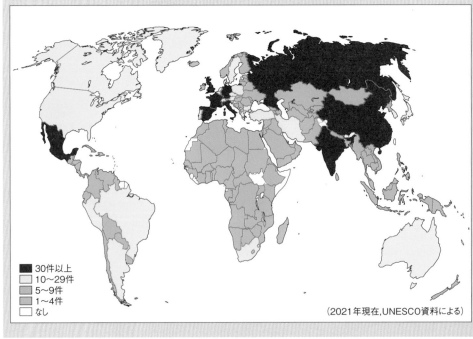

30件以上
10～29件
5～9件
1～4件
なし

（2021年現在，UNESCO資料による）

多様化する観光

さまざまな観光

　①□□□□□□□□：自然環境を楽しみ，保全を意識する

　②□□□□□□□□□：農山漁村に滞在し自然や文化のなかで人々との交流を楽しむ

観光資源の活用

　③□□□□による世界遺産の登録資産，④□□□□□□□の認定地　など

日本の観光

■ 次の文章が正しい場合は〇を，誤っている場合は×を［　］に記入しよう。

［　］戦後の日本では少人数で観光するマスツーリズムが主流であったが，現在は集
　　　団で観光地を周遊することが多くなっている。

［　］日本から海外に出るインバウンドが増加しており，観光業以外のさまざまな経
　　　済活動を刺激している。

［　］クールジャパンなどを世界にアピールした結果，2010 年代に出国者数と入国者
　　　数が逆転し，2010 年代末には入国者数が一時 3,000 万人に達した。

①

②

③

④

memo

Work

❶写真から読み取れる「クールジャパン要素」に〇をつけてみよう。また，
　写真から読み取れる漫画やキャラクターのうち，知っているものがあれば
　その名称を書いてみよう。

① _____

② _____

③ _____

④ _____

⑤ _____

⑥ _____

1 山地における人々の生活

山地で見られる地形

大地形：地球内部の力である①□□□□によって形成

　　　　　…地殻変動や火山の噴火をもたらす力

　　　　　…地殻変動が盛んな地域＝②□□□

　　　　　…③□□□が多く地震が起こりやすい

小地形：雨や風の侵食といった④□□□□によって形成

左の写真
　名称：⑤□□谷
　特徴：氷河の侵食によって形成された谷

右の写真
　名称：⑥□□谷
　特徴：河川の侵食によって形成された谷

Work
❶2枚の写真で示された谷の形をなぞってみよう。
❷それぞれの写真で示された谷の名称を答えてみよう。

山地で暮らす人々の工夫 ／山地での生活の課題

■次の文章が正しい場合は〇を，誤っている場合は×を［　］に記入しよう。

［　］熱帯地方では気温が高く，標高の低い地域に居住地や農地が作られることが多い。

［　］急な傾斜や地形を自然の防壁として最大限活用した山城が世界各地で作られてきた。

［　］ヒマラヤ山脈やアルプス山脈では，夏季に山麓で放牧して冬季に標高の高い地域で飼育する移牧がおこなわれている。

［　］ペルーやボリビアでは，同緯度の低地と比べて涼しく過ごしやすい高地における都市が古くから発達してきた。

［　］人口の流出がつづく地域では，限界集落化の懸念が生じている。

導入
memo

Try アンデスと日本における斜面の活用方法を比較し，その共通点や相違点を考え，まとめてみよう。

Plus Ultra ＞ 地形図演習①（山の形を捉えよう）

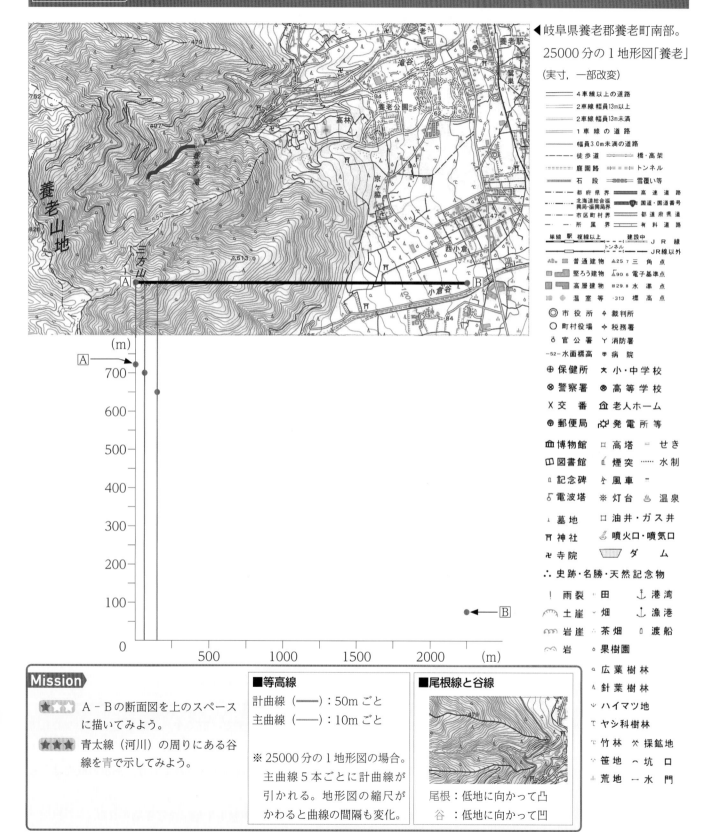

▲岐阜県養老郡養老町南部。

25000分の1地形図「養老」

（実寸，一部改変）

━━━　4車線以上の道路
━━━　2車線 幅員13m以上
━━━　2車線 幅員13m未満
━━━　1車線の道路
━━━　幅員3.0m未満の道路
----　徒歩道　　道　橋・高架
======　庭園路　〓〓〓　トンネル
〓〓〓〓　石段　〓〓〓〓　雪覆い等
━・━　都府県界　　〓〓〓　高速道路
━・━　北海道総合振興局・振興局界　　■　国道・国道番号
━・━　市区町村界　　━━　都府県道
━・━　所属界　　━━　有料道路
単線　駅　複線以上　　━━━　建設中
〓〓〓　トンネル　　━━━　J R 線
━━━　普通建物　　△25.7　三角点
■■■　堅ろう建物　　△90.6　電子基準点
■■　高層建物　　〓29.8　水準点
■　温室等　　・313　標高点
◎　市役所　　介　裁判所
○　町村役場　　♦　税務署
δ　官公署　　Y　消防署
−52−水面標高　　田　病院
⊕　保健所　　✕　小・中学校
⊗　警察署　　◎　高等学校
✕　交番　　⌂　老人ホーム
⊕　郵便局　　☆　発電所等
血　博物館　　□　高塔　　＝　せき
⊡　図書館　　♭　煙突　　……　水制
⌂　記念碑　　♣　風車　　─
♪　電波塔　　※　灯台　　♨　温泉
⊥　墓地　　□　油井・ガス井
𝍐　神社　　♨　噴火口・噴気口
卍　寺院　　▽　ダム
∴　史跡・名勝・天然記念物
！雨裂　‥田　　⚓　港湾
⁀土崖　ˇ畑　　⚓　漁港
岩崖　∴茶畑　　□　渡船
岩　∘果樹園
♣　広葉樹林
Λ　針葉樹林
ˇ　ハイマツ地
↑　ヤシ科樹林
ˆ　竹林　　✕　採鉱地
ˇ　笹地　　⌒　坑口
⌂　荒地　　━　水門

Mission

★☆☆　A－Bの断面図を上のスペースに描いてみよう。

★★★　青太線（河川）の周りにある谷線を青で示してみよう。

■等高線

計曲線（━━━）：50mごと
主曲線（━━━）：10mごと

※ 25000分の1地形図の場合。
　主曲線5本ごとに計曲線が引かれる。地形図の縮尺がかわると曲線の間隔も変化。

■尾根線と谷線

尾根：低地に向かって凸
谷　：低地に向かって凹

② 平野に展開する人々の生活

河川が作る平野の地形

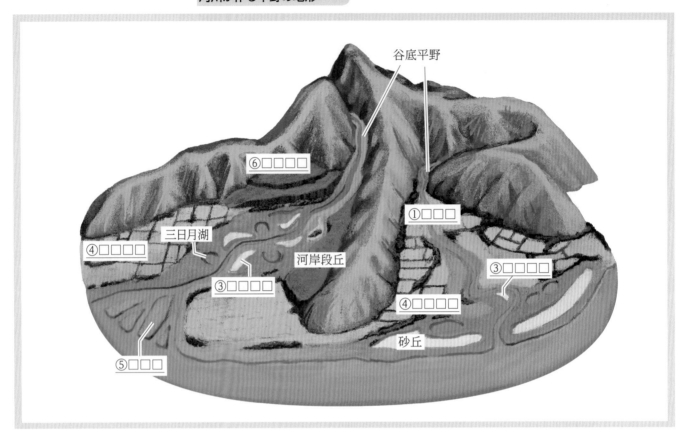

① ＿＿＿＿＿＿＿＿

② ＿＿＿＿＿＿＿＿

③ ＿＿＿＿＿＿＿＿

④ ＿＿＿＿＿＿＿＿

⑤ ＿＿＿＿＿＿＿＿

⑥ ＿＿＿＿＿＿＿＿

memo

①□□□：平野の最上流部で，大雨や土石流によって多量の砂礫が供給され形成される

②□□□：平野の中流から下流で河川が蛇行する地域（図中には記載なし）

③□□□□：洪水によって河川の近くに土砂が堆積することで形成された微高地

④□□□□：洪水時にたまった水が，水はけの悪い低地にとどまることで形成された湿地

⑤□□□：河口付近で，砂や泥が堆積して形成される

⑥□□□□：河川の中流から下流域で発達する階段状の地形

平野の地形を生かした人々の暮らし／平野での生活の課題

■次の文章が正しい場合は〇を，誤っている場合は×を［　］に記入しよう。

［　］東南アジア地域では，微高地である③に水田がつくられ，④に集落が形成される。

［　］洪水の多い東南アジア地域では，その対策として高床式の住居が多く見られる。

［　］国土面積が小さく低湿地の多いオランダでは古くから⑤の干拓がおこなわれてきた。

［　］長江や黄河の広大な⑤には手つかずの自然が残されており，都市の成立は見られない。

［　］中国では，⑤の地形を生かしたエビの養殖場や塩田なども見られる。

Plus Ultra ▷ 地形図演習②（扇状地の形と土地利用のあり方を捉えよう）

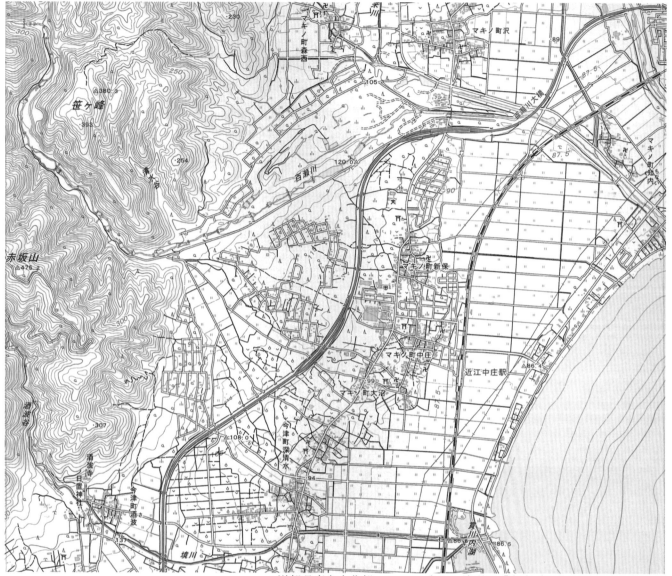

▲滋賀県高島市北部。25000 分の 1 地形図「海津（2014 年発行）」（実寸）

Mission

⭐☆☆ 「百瀬川扇状地」の等高線（90m，100m，110m，120m，130m，140m，150m）をなぞってみよう。

⭐⭐☆ 「百瀬川扇状地」における水田，果樹園，広葉樹林，針葉樹林をそれぞれ違う色で着色してみよう。

⭐⭐⭐ 扇頂，扇央，扇端の土地利用の特徴を，地形図を見ながら自分の言葉でまとめてみよう。

③ 海岸地形と人々の生活

海岸で見られる地形

②□□, ③□□列

陸繋島

陸繋砂州

砂嘴

①□□□□

⑤□□□□□　おぼれ谷

多島海

①□□□□　：陸地に沿った浅い海岸が海面の低下や地盤の隆起によって
　　　　　　　海面上にあらわれた低平な土地

②□□や③□□：海底の堆積物や河川から供給される土砂が
　　　　　　　波や沿岸流によって岸へ打ち上げられることで形成される

④□□□□□　：U字谷が沈水し海水が入り込んだ湾または入り江
　　　　　　　⇒北欧などの高緯度地域でみられる

⑤□□□□□　：V字谷の沈水によって形成された海岸
　　　　　　　⇒ヨーロッパの中南部や東シナ海，日本の沿岸域などでみられる

Check & Work

❶写真と同じ地形を上の
　模式図から探し出し，
　○で示してみよう。

❷右の写真の地形名を確
　認し，記入しよう。

海岸の地形を生かした人々の暮らし／海岸で起きている問題

次の文章が正しい場合は○を，誤っている場合は×を［　］に記入しよう。

［　］海岸平野には，古くから物流や漁業の拠点として発展した都市が多く立地して
　　　いる。

［　］⑤が発達する地域では，その地形特性を生かして養殖が盛んである。

［　］日本の①は，開発がしやすい貴重な平地である。

［　］ダムの建設にともなう土砂量の増加によって，日本の砂浜は増加しつつある。

Plus Ultra 〉 地形図演習③（リアス海岸の形を捉えよう）

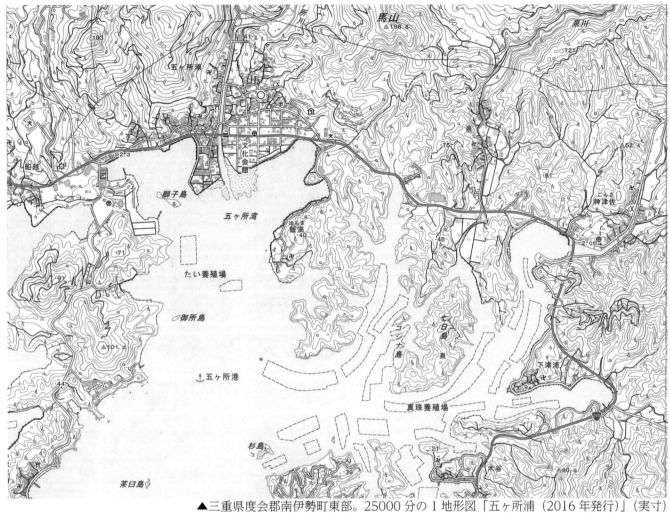

▲三重県度会郡南伊勢町東部。25000 分の 1 地形図「五ヶ所浦（2016 年発行）」（実寸）

Mission

★☆☆ 養殖場を好きな色で塗りつぶしてみよう。

★★☆ 陸続きの海岸線をすべてなぞってみよう（地形図だけで判断できない海岸線は，Google マップなどで調べてなぞってみよう）。

★★★ 養殖場はどのような場所に集中しているだろうか。地形図を見ながら考え，自分の言葉でまとめてみよう。

① 熱帯の気候と生活とのかかわり

① _____

② _____

③ _____

④ _____

⑤ _____

⑥ _____

⑦ _____

⑧ _____

⑨ _____

⑩ _____

⑪ _____

memo

熱帯の気候と豊かな自然環境

熱帯：赤道周辺の地域に分布，一年を通して気温が①□□，気温の年較差は②□□□

【理由】赤道周辺は太陽から降り注ぐエネルギー量が地球上で最も多いため

北半球が冬
30°N
弱い下降流
偏東風（貿易風）
赤道
熱帯収束帯
強い上昇気流
偏東風（貿易風）
30°S

北半球が夏
30°N
強い上昇気流
熱帯収束帯
赤道
偏東風（貿易風）
弱い下降流
30°S

赤道に近い地域は，一年を通して③□□□□帯の影響を受けるため，一年中雨が多い④□□□□気候が広がる。緯度がやや高くなると，弱い乾季がある⑤□□□□□□□気候や，雨季と乾季の区別が明瞭な⑥□□□気候となる。

高温多湿な場所での人々の暮らし

次の文章が正しい場合は〇を，誤っている場合は×を ［　］に記入しよう。

［　］ 熱帯の強い日差しを避けるために，住居は断熱効果のある日干しれんがで作られる。

［　］ 熱帯では，高床にしたり壁をなくしたりして，住居の風通しを良くしている。

［　］ 人々は綿や麻を素材とした衣服を着用することが多い。

［　］ 20世紀なかば以降，自給用木材を生産するために熱帯雨林の伐採が進んだ。

熱帯の農業

⑦□□農業	⑨□□□□□□□□農業	稲作
畑を数年ごとに移動し，作付け期間よりも長い休閑期間を設けて森林を再生して利用。持続的に⑧□□作物を生産してきた。	大面積の土地に資本を投下し，単一作物を大量に栽培する大規模農業。気候に応じて，輸出用の⑩□□作物が栽培される。	東南アジアや南アジアでは，⑪□□□□□の影響により雨季の降水量が多く，豊富な水資源を利用。

綿花
天然ゴム
キャッサバ
コーヒー
アブラヤシ（オイルパーム）

Work

❶写真から自給作物を選び，作物名を〇で囲もう。

❷写真から商品作物を選び，作物名を□で囲もう。

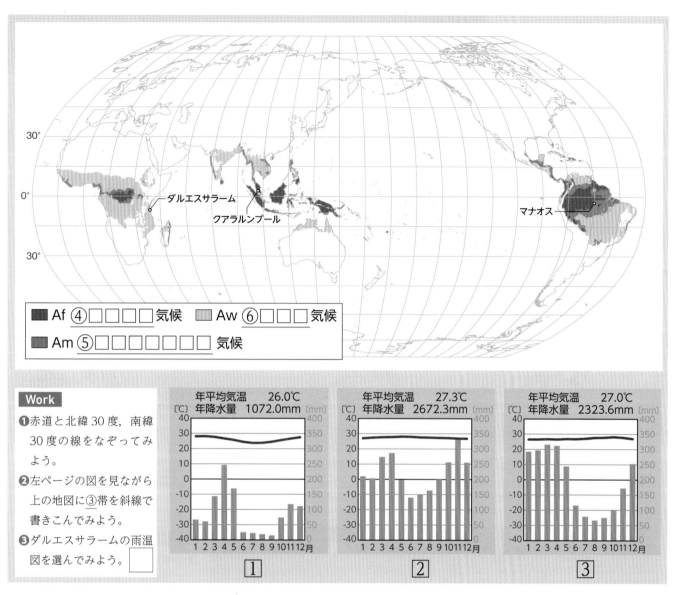

Af ④□□□□気候　　Aw ⑥□□□気候

Am ⑤□□□□□□□気候

Work

❶赤道と北緯30度, 南緯30度の線をなぞってみよう。

❷左ページの図を見ながら上の地図に③帯を斜線で書きこんでみよう。

❸ダルエスサラームの雨温図を選んでみよう。□

年平均気温　26.0℃
年降水量　1072.0mm

1

年平均気温　27.3℃
年降水量　2672.3mm

2

年平均気温　27.0℃
年降水量　2323.6mm

3

Try　熱帯雨林が減少すると, 熱帯の人々の生活がどのようにかわるのか考えてみよう。

（次の語句を使ってまとめてみよう／森林資源, 伝統）

2 乾燥帯の気候と生活とのかかわり

乾燥帯の気候と限られた水資源

乾燥帯：雨が少なく，年間の①□□量よりも②□□量が多い地域

　　　　：緯度 20 ～ 30°付近の③□□□□□帯や，大陸の内陸部などに分布

❸ゴビ砂漠　ウランバートル

❶サハラ砂漠

アンデス山脈

アリススプリングス

❷ナミブ砂漠

❹パタゴニア砂漠

■ BS ステップ気候　□ BW 砂漠気候

③□□□□□帯

乾燥した下降気流

亜熱帯の砂漠

卓越風　乾燥した空気

（山脈の風下）

雨陰砂漠

乾燥した空気　乾燥した空気

（海からの距離）

海岸　内陸砂漠　海岸

高温　低温　（大気の安定）

霧

寒流　海岸砂漠

Work

❶北緯 15 度と 30 度，南緯 15 度と 30 度の線をなぞってみよう。

❷高緯度から低緯度に向かって流れている海流（寒流）の矢印を青で塗ってみよう。

❸左の模式図は，上図で示された 4 つの砂漠の成り立ちを示している。それぞれの模式図に対応する砂漠の番号を空欄に記入してみよう。

④ _____

⑤ _____

⑥ _____

乾燥帯の気候区分

　④□□気候　　：降水量がきわめて少ない

　　　　　　　　：植物はほとんど生育しない

　⑤□□□気候：年降水量は 250 ～ 500mm 程度

　　　　　　　　：短い⑥□□に少量の降雨⇒⑤（草丈の短い草原）が広がる

水が少ない場所での人々の暮らし

■次の文章が正しい場合は〇を，誤っている場合は×を［ ］に記入しよう。

［　］砂漠では，人々はオアシス周辺などの水が得られる限られた場所に暮らしている。

［　］アラビア半島の都市などでは，地下深くの帯水層からくみ上げたり，海水を淡水化したりして，水の需要をまかなっている。

［　］伝統的な住居は断熱効果のある日干しれんがでつくられる。

［　］室内のこもった空気を換気するために窓は大きくつくられる。

［　］通気性に優れたゆったりとした衣服で過ごし，丈を長くして肌の露出を抑える。

乾燥帯の農牧業

⑦□□農業	⑧□□
河川，湖沼，地下水などから農地へ人工的に水を引き，農業をおこなうこと。砂漠のオアシスでは，貴重な水資源を分配してナツメヤシなどを栽培。	⑤気候の地域では，水や牧草を求めて移動しながらヤギや牛を飼育。⑤気候のうち降水量がやや多い地域では，腐食に富む肥沃な⑨□□□を生かした農業が盛ん。

乾燥帯における諸課題

⑦□□農業の発展⇒土壌の⑩□□□や過剰な取水による水資源の枯渇など

⑪□□□：人口増加にともなう過度な耕作や過放牧などにより土地の劣化が進む

Try 乾燥帯と日本における水資源の管理のあり方を比較し，その共通点や相違点を考え，まとめてみよう。

① _____
② _____
③ _____
④ _____
⑤ _____
⑥ _____
⑦ _____
⑧ _____
⑨ _____
⑩ _____
⑪ _____
⑫ _____
⑬ _____
⑭ _____
⑮ _____

memo

③ 温帯の気候と生活とのかかわり

温帯の気候と多様な季節変化

温帯：①□□の変化が明瞭で，森林が広がる

　　　：気候は地域ごとの変化に富んでおり，人々の暮らしも多様

温帯の気候区分

②□□□□気候	⑤□□□□気候
大陸の東岸を中心に広がる。一年を通じて温暖湿潤。夏は海からの③□□□□□や④□□□□□などの影響で高温多雨。冬は大陸に発達した寒冷で乾燥した空気の影響で寒さが厳しく，雨は少ない。	ヨーロッパのような大陸の西岸，緯度30～40度付近に分布している。低緯度側の乾燥帯と隣接しており，夏には北上した⑥□□□□□□に覆われるため，雨の少ない⑦□□となる。
⑧□□□□□気候	⑨□□□□□気候
大陸東岸の一部や赤道近くの標高の高い場所で見られる。冬にあまり雨が降らない。	⑤の高緯度側に分布する，沿岸の⑩□□と⑪□□□の影響を受けて，高緯度の割に温暖な気候。気温の年較差が小さい。

■ **下図を参考にして，日本で四季が明瞭な理由についてまとめた次の文を完成させよう。**

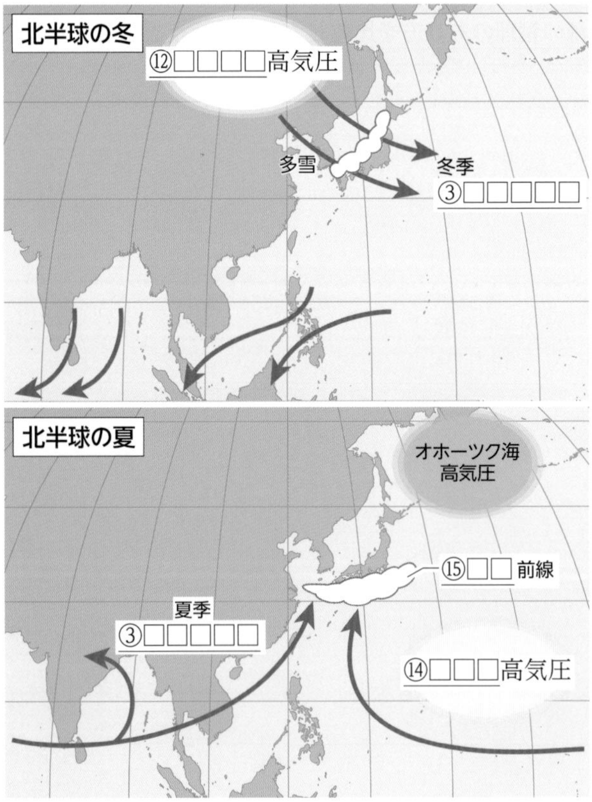

北半球の冬

⑫□□□□高気圧

多雪

冬季

③□□□□□

北半球の夏

オホーツク海高気圧

⑮□□前線

夏季

③□□□□□

⑭□□□高気圧

日本で季節変化が明瞭なのは，日本がユーラシア大陸と太平洋との間に位置していて，③の影響を強く受けるためである。

冬の時期：ユーラシア大陸の⑫□□□□高気圧から吹き出す北西の③の影響を受け，⑬□□□側で多量の降雪が見られる。

夏の時期：インド洋から流入する夏季アジアモンスーンや⑭□□□高気圧の影響を受けて南風が吹き，⑮□□前線などによって多量の降水がもたらされる。

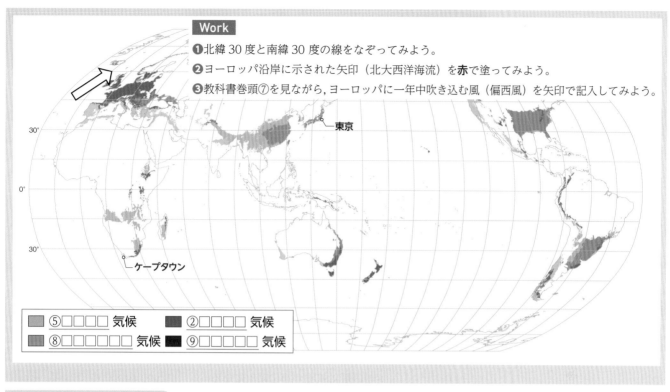

Work

❶北緯30度と南緯30度の線をなぞってみよう。

❷ヨーロッパ沿岸に示された矢印（北大西洋海流）を**赤**で塗ってみよう。

❸教科書巻頭⑦を見ながら，ヨーロッパに一年中吹き込む風（偏西風）を矢印で記入してみよう。

東京

ケープタウン

⬜ ⑤□□□□ 気候 ⬛ ②□□□□ 気候

⬜ ⑧□□□□□ 気候 ⬛ ⑨□□□□ 気候

温帯での多様な人々の暮らし

次の文章が正しい場合は○を，誤っている場合は×を［　］に記入しよう。

［　］夏に高温多雨になる②気候の地域では，薄手で風通しの良い衣服が親しまれている。

［　］地中海沿岸では，乾燥した夏の暑さを避けるため，窓が小さく，木造の住居が多い。

［　］東アジアでは，夏に多雨となることを生かした企業的な農業がおこなわれており，米を主食とする共通の食文化が見られる。

［　］⑤気候の地域では，乾燥に強いオリーブやトマト，ブドウ，オレンジなどを栽培する地中海式農業がおこなわれている。

memo

Try 東京（②気候）の雨温図の上にケープタウン（⑤気候）の雨温図を重ねて描き，その共通点と相違点をまとめてみよう。

東京

(℃)
30

20

気温 10

0

-10

(mm)
400

300

降水量 200

100

0

1　　　　6　　　　12 (月)

4 亜寒帯・寒帯の気候と生活とのかかわり

亜寒帯・寒帯の気候と寒冷な環境

亜寒帯（冷帯）：北半球の高緯度地域に広がる

　　　　　　　：気温の年較差が①□□い

　　　　　　　：冬は寒さが厳しいが，夏は過ごしやすい温暖な気候。比較的湿潤

　　　　　　　：②□□□□や北アメリカに分布する広大な針葉樹林は③□□□と呼ばれる

　　　　　　　：地下には一年中凍結したままの④□□□□が見られる

亜寒帯（冷帯）の気候区分

　　　⑤□□□□□気候　　：一年中降水がある

　　　⑥□□□□□□気候：冬に乾燥する

寒帯の気候区分

　　　⑦□□□□気候：北極海沿岸の地域に分布

　　　　　　　　　　：短い夏に気温が0℃以上になる

　　　⑧□□気候　：南極大陸とグリーンランドの内陸に分布

　　　　　　　　　：氷河や大陸氷床が見られるなど，一年中雪や氷に覆われている

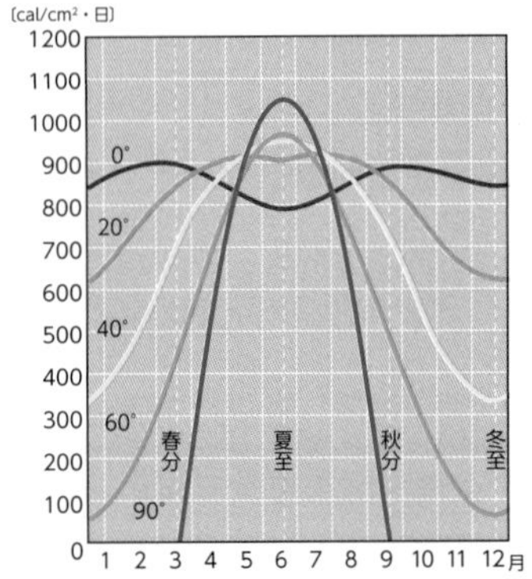

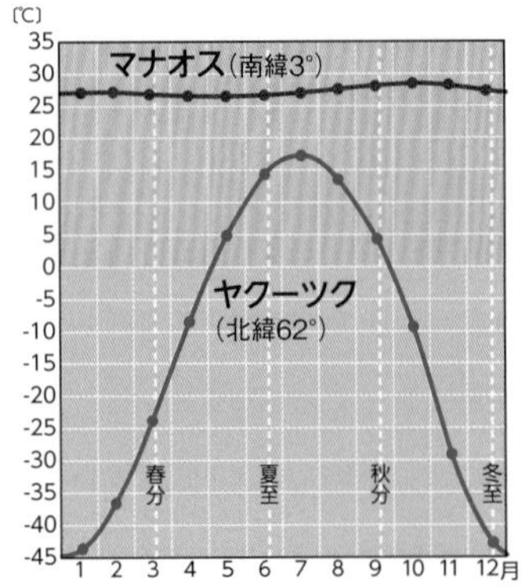

〔cal/cm²・日〕

■図を参考にして，亜寒帯で気温の年較差が大きい理由についてまとめた次の文の〔　〕にあてはまる正しい語句に○をつけよう。

　亜寒帯で気温の年較差が大きいのは，緯度が〔**低い／高い**〕ほど，日照時間の季節変化が〔**大きく／小さく**〕，太陽からのエネルギー量が夏と冬で大きく異なるからである。

　上図を見ると，緯度〔**0°／60°**〕における日射量は一年を通してほぼ同じだが，緯度〔**0°／60°**〕における日射量の季節変化は〔**大きい／小さい**〕ことがわかる。

　下図を見ると，北緯60°付近に位置するヤクーツクの年較差が〔**大きく／小さく**〕なっているのがわかり，日射量と気温の年較差が対応していることが読み取れる。

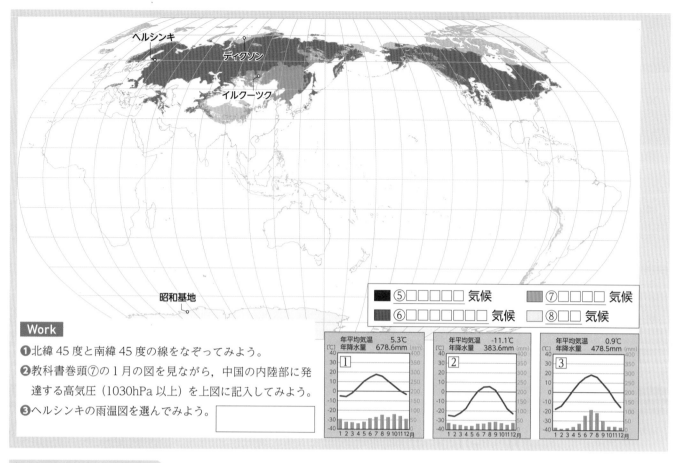

Work

❶北緯45度と南緯45度の線をなぞってみよう。

❷教科書巻頭⑦の1月の図を見ながら，中国の内陸部に発達する高気圧（1030hPa以上）を上図に記入してみよう。

❸ヘルシンキの雨温図を選んでみよう。 [　　　]

寒い場所での人々の暮らし

■ 次の文章が正しい場合は○を，誤っている場合は×を ［ ］ に記入しよう。

[　] ⑤気候の南部では農業が盛んで，寒冷地でも栽培できるライ麦やタロイモなどが作られる。

[　] 亜寒帯の北部では，豊かな森林資源を生かした林業などが盛んである。

[　] 農業ができない寒帯では，主に漁業や狩猟，トナカイの移牧などが営まれている。

memo

Try 写真の家屋が傾いている理由を自分の言葉でまとめてみよう。

（次の語句を使ってまとめてみよう／地球温暖化，夏，永久凍土）

Plus Ultra ＞ ハイサーグラフを作成して読み取ってみよう

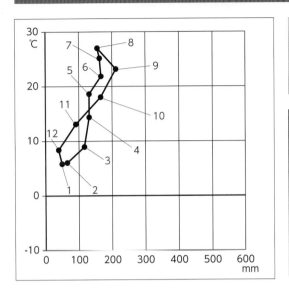

■ハイサーグラフとは

縦軸に各月の平均気温，横軸に各月の平均降水量をとった図版。各月の平均気温と平均降水量は12個の点で示され，それらを1月から順番に12月まで線で結んで作成する。大学入試でよく出題される。

東京

	1月	2月	3月	4月	5月	6月
平均気温（℃）	5.2	5.7	8.7	13.9	18.2	21.4
平均降水量（mm）	52.3	56.1	117.5	124.5	137.8	167.7

	7月	8月	9月	10月	11月	12月
平均気温（℃）	25	26.4	22.8	17.5	12.1	7.6
平均降水量（mm）	153.5	168.2	209.9	197.8	92.5	51

モスクワ（ロシア）

月	平均気温（℃）	平均降水量（mm）
1	-6.5	51.6
2	-6.7	43.1
3	-1	35.2
4	6.7	36.3
5	13.2	50.3
6	17	80.4
7	19.2	84.3
8	17	82
9	11.3	66.8
10	5.6	71.3
11	-1.2	54.9
12	-5.2	50.3

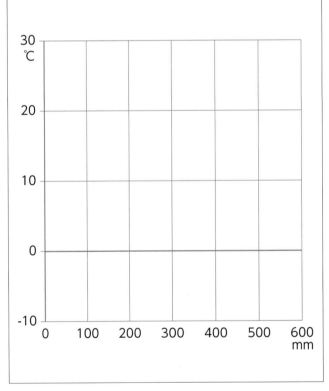

ダーウィン（オーストラリア）

月	平均気温（℃）	平均降水量（mm）
1	28.2	449.6
2	28	386.5
3	28.1	311.3
4	28.2	112.8
5	27	22.6
6	25.1	0.6
7	24.7	0.2
8	25.6	4.6
9	27.7	13.6
10	29	67.8
11	29.2	138
12	28.8	281.8

クスコ（ペルー）	1月	2月	3月	4月	5月	6月	7月	8月	9月	10月	11月	12月
平均気温（℃）	12.6	12.7	12.6	12.3	11.2	10.2	9.8	10.9	12.1	12.9	13.4	13.1
平均降水量（mm）	168	124	105.3	42.3	5.3	5.7	5.8	6	16.2	51.5	67.6	111.8

Mission

★☆☆ 東京の例を参考にしながら，モスクワとダーウィンとクスコのハイサーグラフを左の空欄に描いてみよう。
（3つのグラフは，それぞれ異なる色で描いてみよう）

★☆☆ 左ページの4都市の気候について説明した次の文章が正しい場合は○を，誤っている場合は×を ［　］ に記入しよう。
［　］ 東京　　　：夏や秋に雨が多い。他の3都市と比べると気温の年較差が最も大きいため，季節変化が明瞭であるといえる。
［　］ モスクワ　：年間の降水量は一定。気温の年較差が大きく，冬の時期にはきびしい寒さにみまわれる。
［　］ ダーウィン：季節によって降水量に明確な差があり，気温の年較差は小さい。
［　］ クスコ　　：夏の時期に100mm前後の雨が降る。一年を通して10℃前後の気温が続くため，比較的過ごしやすい。

★★☆ 下の3都市の雨温図をハイサーグラフに描きかえた場合，ダーウィンのハイサーグラフと最も似た形になると考えられる都市を1つ選び，番号で答えよう。

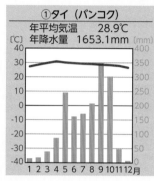

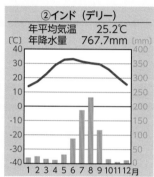

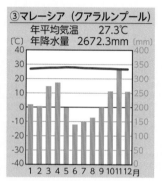

★★★ モスクワとダーウィンにおける夏の気候について，東京における夏の気候と比較しながら自分の言葉で説明してみよう。

1 歴史と自然環境

① _____

② _____

③ _____

④ _____

経済・文化・社会の中心だった中国

東アジア：①□□を中心とした地域

　　　　　⇒①で高度に発達した文化＝②□□□□

東アジア世界の外交関係：③□□□□と④□□

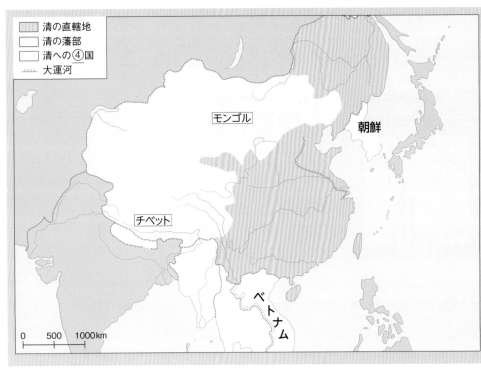

凡例：
　清の直轄地
　清の藩部
　清への④国
　大運河

モンゴル
朝鮮
チベット
ベトナム

0　500　1000km

Work

❶当時の中国王朝と④関係にあった国を好きな色で塗りつぶしてみよう。

❷教科書 p.44 の図1で示された2つの円をおおまかに描いてみよう。

⑤ _____

⑥ _____

⑦ _____

⑧ _____

⑨ _____

⑩ _____

⑪ _____

⑫ _____

中国諸王朝の貿易と経済発展／第二次世界大戦後の急速な経済変化

14世紀後半～	民間商船の往来を禁止する一方で，④貿易を東アジアからインド洋にわたる広い範囲で活発におこない，各地の産物が①にもたらされた。
16世紀後半～	当時の王朝が民間貿易を認め，中国商人が海外貿易に積極的に進出した。この時期は，世界的な⑤□の大規模な流通と⑥□□□□□諸国の参入もあって，世界的に交易が活発だった。沿岸部の一部の都市を通じた①の商品（⑦□・⑧□□□・茶など）の輸出が世界的に拡大した。
1949年	⑨□□□□□□□の成立 　　⇒政府が経済活動に深く関与する⑩□□□□と資本や土地の公有に基づく⑪□□□□的な国づくりが進められた。
1978年	⑫□□・□□政策 　　⇒市場経済への転換と海外から資本と技術の積極的な導入

memo

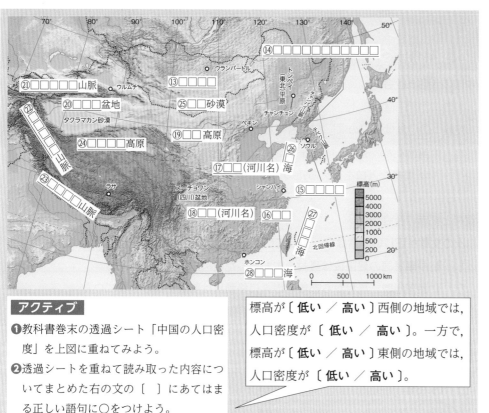

⑬ _____

⑭ _____

⑮ _____

⑯ _____

⑰ _____

⑱ _____

⑲ _____

⑳ _____

㉑ _____

㉒ _____

㉓ _____

㉔ _____

㉕ _____

㉖ _____

㉗ _____

㉘ _____

㉙ _____

㉚ _____

㉛ _____

㉜ _____

㉝ _____

㉞ _____

㉟ _____

㊱ _____

㊲ _____

アクティブ

❶教科書巻末の透過シート「中国の人口密度」を上図に重ねてみよう。

❷透過シートを重ねて読み取った内容についてまとめた右の文の〔 〕にあてはまる正しい語句に○をつけよう。

標高が〔 低い / 高い 〕西側の地域では，人口密度が〔 低い / 高い 〕。一方で，標高が〔 低い / 高い 〕東側の地域では，人口密度が〔 低い / 高い 〕。

Check 気温や降水量の違いを雨温図から読み取ってみよう

（下の語群から適切な語句を選び，図の説明文を完成させよう）

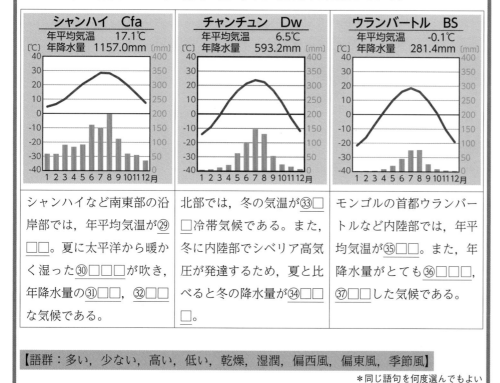

シャンハイなど南東部の沿岸部では，年平均気温が㉙□□。夏に太平洋から暖かく湿った㉚□□□が吹き，年降水量の㉛□□，㉜□□な気候である。

北部では，冬の気温が㉝□□冷帯気候である。また，冬に内陸部でシベリア高気圧が発達するため，夏と比べると冬の降水量が㉞□□□。

モンゴルの首都ウランバートルなど内陸部では，年平均気温が㉟□□。また，年降水量がとても㊱□□□，㊲□□した気候である。

【語群：多い，少ない，高い，低い，乾燥，湿潤，偏西風，偏東風，季節風】

＊同じ語句を何度選んでもよい

① _____
② _____
③ _____
④ _____
⑤ _____
⑥ _____
⑦ _____
⑧ _____
⑨ _____
⑩ _____
⑪ _____
⑫ _____
⑬ _____
⑭ _____
⑮ _____

memo
....

② 変化する都市と農村

中国の人口と社会

人口：①□□億人以上

民族：②□族は人口の③□割を占める

　　：国土の周辺部などに点在する少数民族は④□□を数える

　　⇒ 豊富な人口を支えるために国の礎とされてきた産業 ＝ ⑤□□

農村と都市の社会変化

■ 次の文章が正しい場合は〇，誤っている場合は×を [　] に記入しよう

[　] 中華民国の建国後は農村を中心とした経済計画が進められた。

[　] 建国当時，農村から都市への人口移動には制限が設けられていた。

[　] 1978年以降，農村と都市部の所得格差は次第に縮小していった。

■ 次の図の説明文を完成させよう

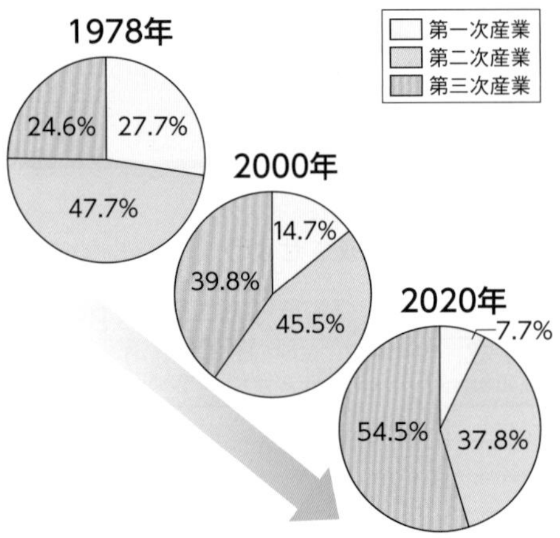

凡例：第一次産業／第二次産業／第三次産業

1978年：27.7% / 47.7% / 24.6%
2000年：14.7% / 45.5% / 39.8%
2020年：7.7% / 37.8% / 54.5%

⑥□□・□□後の工業化によって⑦□□□□が転換し，この40年間で中国の国内総生産（GDP）に占める⑧第□□□□の割合は大きく減少した。

中国の人口問題

⑨ 19□□年：⑩□□□□政策の開始

【背　景】：増え続ける人口と食料生産のバランスをとるため

【好影響】：人口の伸びがゆるやかになり，食料不足は解消された

【悪影響】：年齢や性別などの人口バランスが大きく崩れた

【廃止年】：⑪ 20□□年

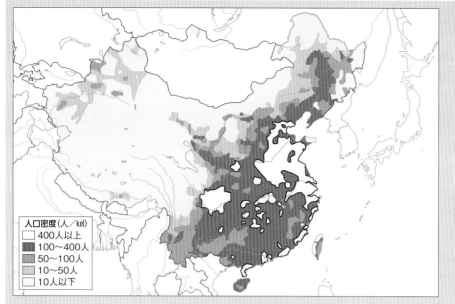

人口密度（人／km²）
- 400人以上
- 100〜400人
- 50〜100人
- 10〜50人
- 10人以下

Work

❶教科書 p.45 を参考に，黄河と長江をなぞってみよう。

❷教科書 p.48 の図１を参考に，人口密度が 400 人以上となっている地域を好きな色で塗りつぶしてみよう。

❸教科書 p.49 の図３を参考に，漢族の分布範囲を太線でおおまかに示してみよう。

memo

Check 中国の特徴を図から読み取ってみよう

（下の語群から適切な語句を選び，図の説明文を完成させよう）

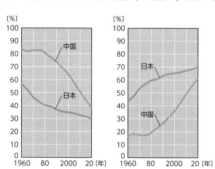

❹総人口に占める農村人口（左）と都市人口（右）の推移　中国は世界銀行資料，日本は総務省資料による。

改革開放後，⑫□□□の農村から⑬□□□の都市部へ出稼ぎに行く農民が増加した。実際に中国と日本の推移を比較してみると，⑭ 19 □□年頃から，中国の⑮□□人口が急速に減少していることがわかる。

【語群：内陸部，沿岸部，北部，南部，都市，農村，60，70，80】

Try 中国の都市部における人々の暮らしの変化を自分の言葉でまとめてみよう

（次の語句を使ってまとめてみよう／消費，独身世帯，女性）

① _____

② _____

③ _____

④ _____

⑤ _____

⑥ _____

⑦ _____

⑧ _____

⑨ _____

⑩ _____

⑪ _____

⑫ _____

⑬ _____

⑭ _____

⑮ _____

⑯ _____

⑰ _____

⑱ _____

memo

....

....

....

....

....

....

....

③ 農業と食文化

農業の歩み

中華人民共和国建国後（1949 年〜）

：社会主義経済の建設。農業の集団化が進み①□□□□を単位とする農業。

：②□□□□の非効率によって，農業生産量が国内需要に追いつかない。

1980 年代以降

：改革・開放政策を進める

：社会主義経済（計画経済）に資本主義（自由経済）的要素を取入れる。

：①を解体し，各農家を単位とする農業である③□□□□□を実施

⇒農業の活性化⇒農業生産量が急増し，世界的な農業生産国へ

■ 図の説明文を完成させよう。数字は，小数点以下を四捨五入して答えよう。

トウモロコシ

- 8.8%
- 2.0億トン
- 91.2%
- 1961年
- 22.4%
- 11.6億トン
- 77.6%
- 2020年

米(精米ベース)

- 26.1%
- 1.4億トン
- 73.9%
- 1961年
- 28.2%
- 5.0億トン
- 71.8%
- 2020年

小麦

- 6.4%
- 2.2億トン
- 93.6%
- 1961年
- 17.6%
- 7.6億トン
- 82.4%
- 2020年

■中国　■世界

■世界の主要穀物生産量に占める中国の割合の変化　FAO STAT による。

　トウモロコシ，米，小麦は，主要な穀物（三大穀物）である。

　各穀物の年生産量（1961 年時点）は，米が 1.4 億トン，小麦とトウモロコシが約④□億トンだった。約 60 年経った 2020 年の生産量は，米が 5 億トン，小麦が約⑤□億トン，トウモロコシが約⑥□□億トンまで伸びている。

　中国における米と小麦の生産量は世界第一位，トウモロコシの生産量は世界第二位を誇っており，米は世界生産量の約⑦□割，トウモロコシと小麦は，約⑧□割を，それぞれ生産している。

変化する農業と新たな課題

■ 次の文章が正しい場合は〇を，誤っている場合は×を ［　］ に記入しよう。

［　］ 中国の経済成長によって，中国経済に占める農業の地位は低下している。

［　］ (a)地方の農村を基盤とする中小企業は設立されず，農村の余剰労働力は国営企業によって吸収された。

［　］ 農業の大規模化が進み企業的経営が導入されると同時に，離農して(b)都市の工場に出稼ぎに行く小規模農家が増加した。

※下線部(a)を⑨□□□□，下線部(b)を⑩□□□という。

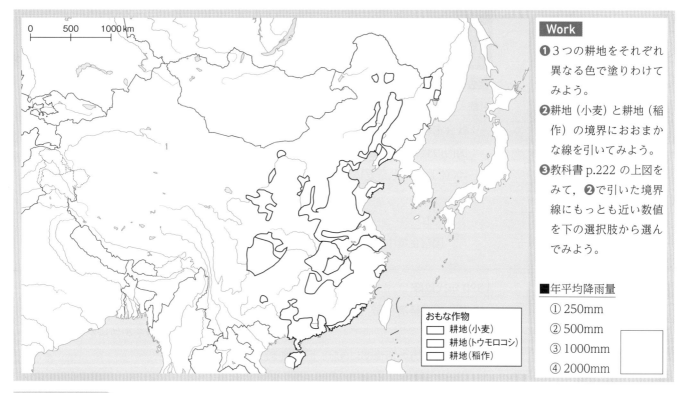

Work

❶3つの耕地をそれぞれ異なる色で塗りわけてみよう。

❷耕地（小麦）と耕地（稲作）の境界におおまかな線を引いてみよう。

❸教科書 p.222 の上図をみて，❷で引いた境界線にもっとも近い数値を下の選択肢から選んでみよう。

■年平均降雨量
① 250mm
② 500mm
③ 1000mm
④ 2000mm

おもな作物
☐ 耕地（小麦）
☐ 耕地（トウモロコシ）
☐ 耕地（稲作）

農と食の地域性

⑪☐の生産　：年降水量が⑫☐☐☐☐ mm 以上の地域

⑬☐☐の生産：年降水量が⑫ mm 以下の地域

中国の⑭☐部：年降水量が⑮☐☐☐～⑯☐☐☐ mm の地域

> 羊や馬の⑰☐☐によって肉類や乳製品をつくったり，地下水が湧き出る⑱☐☐☐☐で，小麦や野菜を生産したりしている。

memo

Try 中国料理は東西南北で大きく４つに分類される。左の写真と「食レポ初心者のコメント」から読み取れる情報をたよりに，写真の料理が親しまれている地域を「方位」で答えてみよう。

食レポ初心者のコメント

「雄大な長江の恵みである淡水魚やエビ，カニなどを使った料理が多いですね。少し辛そうなスープの右上にあるのはチャーハン的な何かでしょうか。そういえば，この地域の気候は日本と似ていることもあって，都市部から少し離れると田んぼが比較的多く見られましたよ。さて，では冷めないうちに早速食べてみましょう……うん，全体的に甘みが強いですね。とてもおいしいなと思いました。」

④ 経済発展によってかわる社会

社会主義経済下の工業

中華人民共和国建国後（1949年～）

　：社会主義経済の建設

　：国内の豊富な①□□を活用した②□□□□□の振興を進める。

　　⇒③□□や④□□□などの原料を産出する地域で，鉄鋼業や機械工業などが発展

　　　　ただし…

　　　　　国営企業中心　⇒　工場設備や技術の老朽化　⇒　非効率な生産　⇒　停滞

1980年代以降

　：社会主義経済・⑤□□□□を軌道修正し，⑥□□・□□政策を実施

　　　　　　　　　　　　　　　　　⇒⑦□□□□やその技術を積極的に導入

　：⑧□□地方の沿海部に⑨□□□□を設立

　　　⇒工業の中心が⑩□□□から⑪□□□に移動

工業化の進展と経済発展

1993年	⑫□□□□□□□□を導入し，全国的に経済の自由化
2001年	⑬□□□□□□（WTO）に加盟（⇒貿易自由化への足がかり） 　⇒国内の豊富な労働力をいかし，急速に工業化が進展 　⇒さまざまな工業製品が大量生産されるようになる 　⇒「⑭□□□□□」と呼ばれるようになる
2000年代	急速な経済発展 　⇒国内の購買力，さまざまなものに対する需要が増大 　⇒「⑮□□□□□」と呼ばれるようになる

① _____
② _____
③ _____
④ _____
⑤ _____
⑥ _____
⑦ _____
⑧ _____
⑨ _____
⑩ _____
⑪ _____
⑫ _____
⑬ _____
⑭ _____
⑮ _____

memo

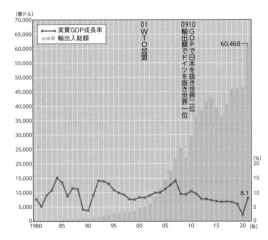

❷中国の輸出入総額と成長率の推移

■ 左の図の内容をまとめた次の文章が正しい場合は〇を，誤っている場合は×を［　］に記入しよう。

［　］1991年から2019年まで，5%を超える経済成長率を実現していた。

［　］WTOへの加盟によって貿易が急激に拡大し，輸出入総額も急増した。

［　］2010年以降，アメリカ合衆国，日本につぐ世界第三位の経済規模を有する。

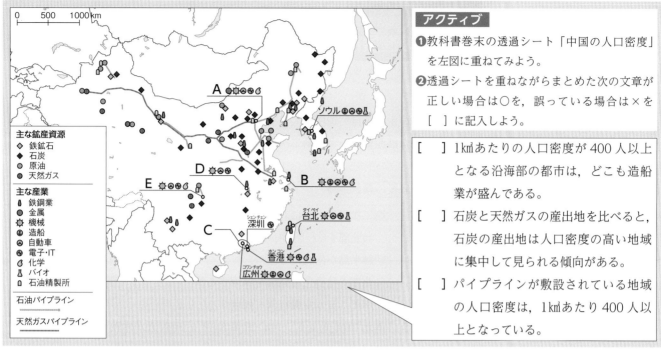

アクティブ

❶教科書巻末の透過シート「中国の人口密度」を左図に重ねてみよう。

❷透過シートを重ねながらまとめた次の文章が正しい場合は○を，誤っている場合は×を［　］に記入しよう。

［　］1km²あたりの人口密度が400人以上となる沿海部の都市は，どこも造船業が盛んである。

［　］石炭と天然ガスの産出地を比べると，石炭の産出地は人口密度の高い地域に集中して見られる傾向がある。

［　］パイプラインが敷設されている地域の人口密度は，1km²あたり400人以上となっている。

■ **下の語群から適切な語句を選び，上図の説明文を完成させよう。**

Aは中国の首都⑯□□，Bは中国最大の経済都市⑰□□であり，さまざまな種類の工業が発達している。Cは深圳や広州であり，⑥政策によって⑨が設置された⑧の⑱□□□である。テレビや家電などの⑲□□□□□や，スマートフォンなどの情報通信機器の組み立て工程をおこなっている。長江の中流域に位置するDとEは，それぞれ⑳□□と㉑□□である。地下資源が豊富な地域で，鉄鋼業や機械工業などの㉒□□□を生産する重工業が発達した。

【語群：武漢，上海，重慶，北京，生産財，耐久消費財，内陸部，沿海部】

⑯ _____

⑰ _____

⑱ _____

⑲ _____

⑳ _____

㉑ _____

㉒ _____

グローバル化する中国

> **Try** 中国の経済発展が世界に及ぼした影響について考え，自分の言葉でまとめてみよう。
>
> （次の語句を使ってまとめてみよう／資源，「一帯一路」政策，資本，海外進出）

① _____

② _____

③ _____

④ _____

⑤ _____

⑥ _____

⑦ _____

⑧ _____

memo

⑤ 産業の進展によってかわる社会

経済の発展

朝鮮半島

南部：作物の生育を自然環境に大きくゆだねる農業（①□□□□）が中心

北部：豊かな鉱産資源　⇒　第二次世界大戦以前は工業地域として発達

第二次世界大戦後の朝鮮半島

1945 年	第二次世界大戦における②□□の敗戦で植民地支配が終結 ⇒北部を③□□が，南部を④□□□□□□□が占領。
1948 年	朝鮮半島が南北に分割 　北部：社会主義経済を採用する⑤□□□□□□□□□□ 　南部：資本主義経済を採用する⑥□□□□
1950 ～ 53 年	南北で⑦□□□□　⇒　北緯⑧□□□線付近が休戦ライン

■ **下図をもとにして，語群から適切な語句を選び，説明文を完成させよう。**

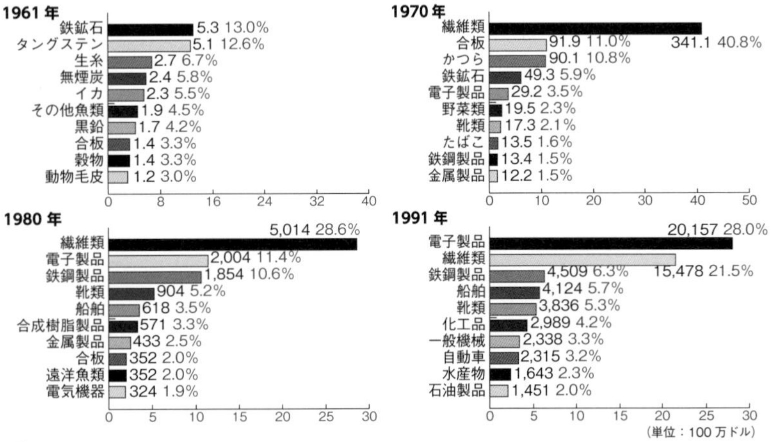

1961 年

鉄鉱石	5.3 13.0%
タングステン	5.1 12.6%
生糸	2.7 6.7%
無煙炭	2.4 5.8%
イカ	2.3 5.5%
その他魚類	1.9 4.5%
黒鉛	1.7 4.2%
合板	1.4 3.3%
穀物	1.4 3.3%
動物毛皮	1.2 3.0%

0 8 16 24 32 40

1970 年

繊維類	341.1 40.8%
合板	91.9 11.0%
かつら	90.1 10.8%
鉄鉱石	49.3 5.9%
電子製品	29.2 3.5%
野菜類	19.5 2.3%
靴類	17.3 2.1%
たばこ	13.5 1.6%
鉄鋼製品	13.4 1.5%
金属製品	12.2 1.5%

0 10 20 30 40 50

1980 年

繊維類	5,014 28.6%
電子製品	2,004 11.4%
鉄鋼製品	1,854 10.6%
靴類	904 5.2%
船舶	618 3.5%
合成樹脂製品	571 3.3%
金属製品	433 2.5%
合板	352 2.0%
遠洋魚類	352 2.0%
電気機器	324 1.9%

0 5 10 15 20 25 30

1991 年

電子製品	20,157 28.0%
繊維類	15,478 21.5%
鉄鋼製品	4,509 6.3%
船舶	4,124 5.7%
靴類	3,836 5.3%
化工品	2,989 4.2%
一般機械	2,338 3.3%
自動車	2,315 3.2%
水産物	1,643 2.3%
石油製品	1,451 2.0%

0 5 10 15 20 25 30
（単位：100万ドル）

【語群：機械，資源，繊維，船舶，鉄鋼，電子，輸出指向型，漢江の奇跡，アジア NIEs】

1961 年の⑥は，鉄鉱石，タングステンといった地下⑨□□や，イカや魚などの食品の輸出が中心だった。1970 年には，⑩□□類や合板など，軽工業の加工品の輸出が中心になった。1980 年代までに工業化に成功し，電子製品や⑪□□製品，⑫□□といった重工業の加工品の輸出割合が拡大し，輸出を目的とした⑬□□□□□の工業化が進んだ。こうした急速な経済成長は「⑭□□□□□」と呼ばれ，⑥は⑮□□□□□□□の一つとなった。また，1990 年代以降は⑯□□製品の輸出が盛んである。

韓国の生活・文化社会

■ **次の文章が正しい場合は〇を，誤っている場合は×を ［　］ に記入しよう。**

［　］ 経済成長によって人口が農村に集中した結果，都市人口率が急激に低下した。

［　］ 1970 年代のセマウル運動は，都市問題の解決につながった。

［　］ こんにちの韓国は，ハングルと漢字を併用するのが一般的である

［　］ 韓国の社会には儒教的な価値観が根付いており，家族関係が最も重視される。

⑨ _____

⑩ _____

⑪ _____

⑫ _____

⑬ _____

⑭ _____

⑮ _____

⑯ _____

6 現代の諸課題

少子高齢化

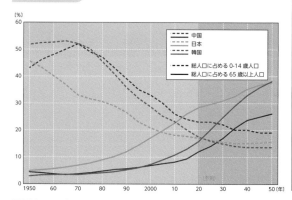

1 総人口に占める 0-14 歳人口と 65 歳以上人口の割合の推移

■ 次の文章が正しい場合は○を，誤っている場合は×を [　] に記入しよう。

[　] 総人口に占める 65 歳以上の割合が 10％から 30％にまで上昇する期間は，日本では約 40 年，韓国では約 25 年と予測されており，韓国の方が高齢化のスピードが速い。

[　] 総人口に占める 0 ～ 14 歳の割合が 40％から 20％にまで低下する期間は，韓国は日本よりも長い。

[　] 2040 年で最も 65 歳以上の人口が多い国は，日本だと予測されている。

格差の拡大

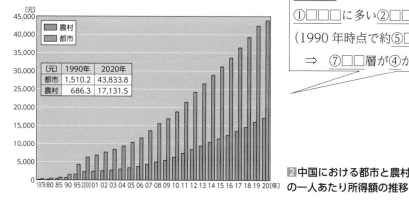

[元]	1990年	2020年
都市	1,510.2	43,833.8
農村	686.3	17,131.5

2 中国における都市と農村の一人あたり所得額の推移

Check

①□□□に多い②□□と③□□□に多い④□□との間の所得格差拡大
（1990 年時点で約⑤□倍だった格差は，2020 年時点で約⑥□倍に）
　⇒　⑦□□層が④から②に流入

一方で…

　内陸部におけるインフラを整備し，産業を育成する⑧□□□□□の実施
　⇒内陸部の所得も向上している

①＿＿＿＿＿＿
②＿＿＿＿＿＿
③＿＿＿＿＿＿
④＿＿＿＿＿＿
⑤＿＿＿＿＿＿
⑥＿＿＿＿＿＿
⑦＿＿＿＿＿＿
⑧＿＿＿＿＿＿

環境問題／人の移動と交流の拡大

■ 次の文章が正しい場合は○を，誤っている場合は×を [　] に記入しよう。

[　] 日本や韓国では 1950 年代から 1980 年代にかけて大気汚染が問題視された。

[　] 中国では，大気汚染物質の増加にともなう健康被害が近年増えている。

[　] 多くの中国人が移民や出稼ぎ労働者として世界各地に移動した歴史がある。

Try▶ 急速な経済発展によって生じる環境問題の解決策について考え，自分の言葉でまとめてみよう。

　　（次の語句を使ってまとめてみよう／国，個人，消費行動，国境）

① 歴史と自然環境

基層的な文化の形成／新しい文化の流入

東南アジア地域

　　：①□□□□□半島を中心とする大陸部 ＋ マレー半島や多くの島々からなる島嶼部

生業と文化

　　：はやくからヤムイモ，タロイモ，バナナなどの②□□□□文化が成立

　　：③□□から④□が伝来（紀元前2世紀）　⇒　④作が生業の中心に

大陸部の歴史

1世紀ごろ	⑤□□□商人の活動により海上交易が活発化
	⇒⑥□□□川下流に，交易を主とする港市国家が発展
4世紀から	⑦□□仏教やヒンドゥー教の伝来
13世紀ごろ～	多くの国，地域で⑧□□仏教が信仰される

島嶼部の歴史

7世紀	⑦仏教を導入した王国が繁栄
13世紀～	ムスリム（⑨□□□□□教徒）商人の活動
15世紀～	大半の地域が⑨を受容
	ヨーロッパの宣教師が徐々に進出
	⇒島嶼部の一部は⑩□□□□教（⑪□□□□□）を受容

①
②
③
④
⑤
⑥
⑦
⑧
⑨
⑩
⑪

memo

清

シャム
バンコク

凡例：
□ イギリス領
□ フランス領
□ オランダ領
▨ スペイン領

0　500km

Check & Work

❶イギリス領，フランス領，オランダ領を異なる色で塗りわけよう。

❷完成した左図と右ページの地勢図を見比べながらまとめた次の文章が正しい場合は○を，誤っている場合は×を［　］に記入しよう。

［　］①半島の東に位置するベトナム，カンボジア，ラオスは，フランスによって植民地化された。

［　］インドシナ半島の西に位置するミャンマー，マレーシア，タイは，イギリスによって植民地化された。

［　］赤道以南の島々はすべてオランダ領だった。

❺
賃	金		
当月支払高	1,724,000	前月未払高	257,000
当月未払高	185,000	実際消費高	1,652,000

消 費 賃 金			
→ 実際消費高	1,652,000		

❻
消 費 賃 金			
実際消費高	1,652,000	予定消費高	1,638,000
		賃 率 差 異	14,000

賃 率 差 異			
→ 消費賃金より	14,000		

22 組別総合原価計算 (p.104)

22 1

組別総合原価計算表

令和○年//月分

摘　　要	A　組	B　組	合　計
組 直 接 費			
素 材 費	160,000	246,000	406,000
労 務 費	100,000	150,000	250,000
経 費	56,000	26,000	82,000
組間接費配賦額	❶ 200,000	❷ 300,000	500,000
当月製造費用	516,000	722,000	1,238,000
月初仕掛品原価			
素 材 費	20,000	69,000	89,000
加 工 費	22,000	18,000	40,000
計	558,000	809,000	1,367,000
月末仕掛品原価			
素 材 費	❸ 30,000	❺ 45,000	75,000
加 工 費	❹ 28,000	❻ 38,000	66,000
完成品原価	500,000	726,000	1,226,000
完成品数量	1,000個	1,200個	
製 品 単 価	¥ 500	¥ 605	

解説 【組間接費の配賦】 各組の直接労務費を基準
¥180,000＋¥120,000＋¥200,000＝¥500,000
（組間接費合計）

❶ $¥500,000 \times \dfrac{¥100,000}{¥100,000+¥150,000}$
$= ¥200,000$ （A組の組間接費）

❷ $¥500,000 \times \dfrac{¥150,000}{¥100,000+¥150,000}$
$= ¥300,000$ （B組の組間接費）

【月末仕掛品原価の計算】

A組仕掛品（素材費）	
月初仕掛品 20,000	完成品 1,000個
組直接費 160,000	月末仕掛品 200個

A組仕掛品（加工費）	
月初仕掛品 22,000	完成品 1,000個
組直接費 156,000	
組間接費 200,000	月末仕掛品 200個×40%

❸ $(¥20,000+¥160,000) \times \dfrac{200個}{1,000個+200個}$
$= ¥30,000$ （素材費）

❹ $(¥22,000+¥356,000) \times \dfrac{200個 \times 40\%}{1,000個+200個 \times 40\%}$
$= ¥28,000$ （加工費）

B組仕掛品（素材費）	
月初仕掛品 69,000	完成品 1,200個
組直接費 246,000	月末仕掛品 200個

B組仕掛品（加工費）	
月初仕掛品 18,000	完成品 1,200個
組直接費 176,000	
組間接費 300,000	月末仕掛品 200個×50%

❺ $(¥69,000+¥246,000) \times \dfrac{200個}{1,200個+200個}$
$= ¥45,000$ （素材費）

❻ $(¥18,000+¥476,000) \times \dfrac{200個 \times 50\%}{1,200個+200個 \times 50\%}$
$= ¥38,000$ （加工費）

22 2

借　　　方		貸　　　方	
A 組 仕 掛 品	240,000	組 間 接 費	690,000
B 組 仕 掛 品	450,000		

解説 $¥690,000 \times \dfrac{800時間}{800時間+1,500時間} = ¥240,000$
（A組仕掛品へ）

$¥690,000 \times \dfrac{1,500時間}{800時間+1,500時間} = ¥450,000$
（B組仕掛品へ）

22 3

(1)

組別総合原価計算表

令和○年//月分

摘　　要	A　組	B　組
組 直 接 費		
素 材 費	350,000	450,000
労 務 費	112,000	(206,750)
経 費	(213,000)	220,000
組間接費配賦額	❶ (35,000)	❷ (45,000)
当月製造費用	(710,000)	921,750
月初仕掛品原価	172,500	(60,950)
計	882,500	982,700
月末仕掛品原価	❸ (135,500)	❹ (54,500)
完成品原価	(747,000)	(928,200)
完成品数量	900個	1,020個
製 品 単 価	¥(830)	¥(910)

(2)

B 組 仕 掛 品			
前 月 繰 越	(60,950)	B 組 製 品	928,200
素 材	(450,000)	次 月 繰 越	(54,500)
労 務 費	(206,750)		
経 費	220,000		
組 間 接 費	(45,000)		
	(982,700)		(982,700)

解説 【組間接費の配賦】 各組の素材費を基準

❶ $¥80,000 \times \dfrac{¥350,000}{¥350,000+¥450,000}$
$= ¥35,000$ （A組の組間接費）

❷ $¥80,000 \times \dfrac{¥450,000}{¥350,000+¥450,000}$
$= ¥45,000$ （B組の組間接費）

【月末仕掛品原価の計算】 先入先出法

A組仕掛品（素材費）

月初仕掛品 *126,000*	月初仕掛品 300個	完成品 900個
組直接費 *350,000*	当月製造費用 →600個	
	月末仕掛品 200個	

$$¥350,000 \times \frac{200個}{900個 - 300個 + 200個}$$

$$= ¥87,500（素材費）$$

A組仕掛品（加工費）

月初仕掛品 *46,500*	月初仕掛品 300個×40%	完成品 900個
組直接費 *325,000*	当月製造費用 →780個	
組間接費 *35,000*	月末仕掛品 200個×60%	

$$¥360,000 \times \frac{200個 \times 60\%}{900個 - 300個 \times 40\% + 200個 \times 60\%}$$

$$= ¥48,000（加工費）$$

❸月末仕掛品原価¥135,500＝素材費¥87,500
　＋加工費¥48,000

B組仕掛品（素材費）

月初仕掛品 *42,000*	月初仕掛品 100個	完成品 1,020個
組直接費 *450,000*	当月製造費用 920個	
	月末仕掛品 80個	

$$¥450,000 \times \frac{80個}{1,020個 - 100個 + 80個}$$

$$= ¥36,000（素材費）$$

B組仕掛品（加工費）

月初仕掛品 *18,950*	月初仕掛品 100個×40%	完成品 1,020個
組直接費 *426,750*	当月製造費用 980個	
組間接費 *45,000*	月末仕掛品 80個×50%	

$$¥471,750 \times \frac{80個 \times 50\%}{1,020個 - 100個 \times 40\% + 80個 \times 50\%}$$

$$= ¥18,500（加工費）$$

❹月末仕掛品原価¥54,500＝素材費¥36,000
　＋加工費¥18,500

検定問題　(p.106)

22 4

借　　方		貸　　方	
A 組 製 品	*7,500,000*	A組仕掛品	*7,500,000*
B 組 製 品	*3,912,000*	B組仕掛品	*3,912,000*

解説 ①各組の完成品原価＝月初仕掛品原価＋当月製造費用
　　－月末仕掛品原価
②A組完成品原価¥7,500,000＝¥525,000
　＋¥7,640,000－¥665,000
③B組完成品原価¥3,912,000＝¥417,000
　＋¥4,059,000－¥564,000
A組仕掛品→A組製品，B組仕掛品→B組製品

22 5

a	¥	*4,002,000* ❶	b	¥	*1,160,000* ❷

解説 ❶A組の組間接費配賦額＝組間接費

$$\times \frac{A組の直接材料費}{A組の直接材料費 + B組の直接材料費}$$

$$¥4,002,000 = ¥6,670,000$$

$$\times \frac{¥8,700,000}{¥8,700,000 + ¥5,800,000}$$

❷B組の月末仕掛品素材費＝（月初仕掛品素材費
　＋当月素材費）$\times \dfrac{月末仕掛品数量}{完成品数量 + 月末仕掛品数量}$

$$¥1,160,000 = (¥1,392,000 + ¥5,800,000)$$

$$\times \frac{500個}{2,600個 + 500個}$$

B組仕掛品（素材費）

| 月初仕掛品
1,392,000 | 完成品
2,600個 |
| 組直接費
5,800,000 | 月末仕掛品
500個 |

22 6

		借　　方		貸　　方		
(1)	A組仕掛品	*2,275,000*	組 間 接 費	*3,500,000*	❶
	B組仕掛品	*1,225,000*			
(2)	売 掛 金	*1,170,000*	売　　　上	*1,170,000*	❷
	売 上 原 価	*819,000*	A 組 製 品	*294,000*	
			B 組 製 品	*525,000*	
(3)	A組仕掛品	*180,000*	外 注 加 工 賃	*180,000*	❸
	組 間 接 費	*117,000*	修 繕 料	*95,000*	
			電 力 料	*22,000*	

解説 ❶A組の組間接費＝組間接費

$$\times \frac{A組直接費}{A組直接費 + B組直接費}$$

$$¥2,275,000 = (¥570,000 + ¥980,000 + ¥1,950,000)$$

$$\times \frac{(¥3,350,000 + ¥4,176,000 + ¥1,574,000)}{(¥3,350,000 + ¥4,176,000 + ¥1,574,000) + (¥1,650,000 + ¥2,024,000 + ¥1,226,000)}$$

B組の組間接費＝組間接費

$$\times \frac{B組直接費}{A組直接費 + B組直接費}$$

$$¥1,225,000 = (¥570,000 + ¥980,000 + ¥1,950,000)$$

$$\times \frac{(¥1,650,000 + ¥2,024,000 + ¥1,226,000)}{(¥3,350,000 + ¥4,176,000 + ¥1,574,000) + (¥1,650,000 + ¥2,024,000 + ¥1,226,000)}$$

❷売上高はA組製品とB組製品の合計額で仕訳を行
　い，売上原価は各組ごとに仕訳を行う。
❸外注加工賃はA組仕掛品勘定へ，それ以外のもの
　は組間接費勘定へ振り替える。

22 7

(1)

	借　　　　方	貸　　　　方	
/月3/日⑨	消 費 材 料 4,565,000	素　　　材 4,565,000	⑧

(2)

消 費 賃 金

1/31	賃　　金	3,576,000	1/31 諸　　　口	3,600,000	❸
〃	賃率差異	24,000			
		3,600,000		3,600,000	

組 間 接 費

❷ 1/31	工場消耗品	339,000	1/31 諸　　　口	2,145,000	❹
❸ 〃	消費賃金	300,000			
〃	健康保険料	149,000			
〃	諸　　口	1,357,000			
		2,145,000		2,145,000	

A 組 仕 掛 品

1/1	前月繰越	1,504,000	1/31 A組製品	6,000,000	❼
❶ 31	消費材料	2,296,000	〃 次月繰越	1,132,000	
❸ 〃	消費賃金	1,800,000			
〃	外注加工賃	245,000			
❹ 〃	組間接費	1,287,000			
		7,132,000		7,132,000	

(3)

組別総合原価計算表

令和○年/月分

摘　　　要		A　組	B　組
組 直 接 費	素材費	❶ 2,296,000	❶ 2,214,000
	加工費	2,045,000	1,574,000
組 間 接 費	加工費	❹ 1,287,000	❹ 858,000
当 月 製 造 費 用		5,628,000	4,646,000
月初仕掛品原価	素材費	820,000	492,000
	加工費	684,000	236,000
計		7,132,000	5,374,000
月末仕掛品原価	素材費	❺ 656,000	246,000
	加工費	476,000	❻ 128,000
完 成 品 原 価		❼ 6,000,000	❼ 5,000,000
完 成 品 数 量		1,500個	1,000個
製 品 単 価		¥ 4,000	¥ 5,000

(4)

/月末の賃金未払高	¥	1,043,000	⓫

解説 ❶31日① 素材予定消費高＝1個あたりの予定価格
@¥820×消費数量（ただし書きⅱ参照）
消費材料勘定¥4,510,000

　　┌A組素材予定消費高　@¥820×2,800個
　　│　　　　　　　　　　＝¥2,296,000（A組仕掛品勘定）
　　└B組素材予定消費高　@¥820×2,700個
　　　　　　　　　　　　　＝¥2,214,000（B組仕掛品勘定）

❷31日② 工場消耗品消費高（棚卸計算法）
消費数量(11,300個)＝前月繰越(3,200個)＋9日仕
入数量(12,000個)－月末棚卸数量(3,900個)
工場消耗品消費高¥339,000＝@¥30×11,300個

工場消耗品

前月繰越高 3,200個	消 費 高 11,300個
9日仕入高 12,000個	月末棚卸高 3,900個

×@¥30＝¥339,000
（組間接費）

❸31日③ 賃金予定消費高＝1時間あたりの予定賃
率@¥1,500×作業時間（ただし書きⅳ参照）
消費賃金勘定¥3,600,000

　　┌A組賃金予定消費高　@¥1,500×1,200時間
　　│　　　　　　　　　　＝¥1,800,000（A組仕掛品勘定）
　　│B組賃金予定消費高　@¥1,500×1,000時間
　　│　　　　　　　　　　＝¥1,500,000（B組仕掛品勘定）
　　└組間接費予定消費高　@¥1,500×200時間
　　　　　　　　　　　　　＝¥300,000（組間接費勘定）

❹31日⑦ 組間接費配賦額
A組間接費配賦額¥1,287,000

$$= ¥2,145,000 × \frac{4,290時間}{4,290時間＋2,860時間}$$

B組間接費配賦額¥858,000

$$= ¥2,145,000 × \frac{2,860時間}{4,290時間＋2,860時間}$$

❺31日⑧ 月末仕掛品素材費の計算（先入先出法）
（B組月末仕掛品もA組と同様に計算する）
A組月末仕掛品素材費＝当月素材費

$$× \frac{月末仕掛品数量}{完成品数量－月初仕掛品数量＋月末仕掛品数量}$$

$$¥656,000 = ¥2,296,000 × \frac{400個}{1,500個－500個＋400個}$$

A組仕掛品（素材費）

月初仕掛品 820,000	月初仕掛品 500個	完成品 1,500個
組直接費 2,296,000	当月製造費用 1,000個	
	月末仕掛品 → 400個	

❻31日⑧ 月末仕掛品加工費の計算（先入先出法）
（A組月末仕掛品もB組と同様に計算する）
＊加工費は製造の進行に応じて消費されるため，
加工進捗度を考える。
B組月末仕掛品加工費＝当月加工費

$$× \frac{月末仕掛品完成換算数量}{完成品数量－月初仕掛品完成換算数量＋月末仕掛品完成換算数量}$$

$$¥128,000 = ¥2,432,000^*$$

$$× \frac{100個×0.5}{1,000個－200個×0.5＋100個×0.5}$$

＊当月加工費¥2,432,000＝(31日③)¥1,500,000
＋(31日⑤)¥74,000＋(31日⑦)¥858,000

B組仕掛品（加工費）

月初仕掛品 236,000	月初仕掛品 200個×0.5	完成品 1,000個
組直接費 1,574,000	当月製造費用 900個	
組間接費 858,000	月末仕掛品 100個×0.5	

❼各組の完成品原価を各組ごとの製品勘定に振り替える。

❽31日⑨

素　材

前月繰越高 2,000個 (@¥800)	
9日仕入高 6,000個 (@¥840)	

$$\frac{¥1,600,000+¥5,040,000}{2,000個+6,000個}=@¥830$$ (消費単価)

@¥830（消費単価）×5,500個（消費数量）
＝¥4,565,000（実際消費高）

❾31日⑪

材料消費価格差異＝31日①予定消費高－31日⑨実際消費高
－¥55,000（借方差異）＝¥4,510,000
－¥4,565,000（@¥830×5,500個）

消費材料

実際消費高　4,565,000 (@¥830×5,500個)	予定消費高　4,510,000
	材料消費価格差異　55,000

材料消費価格差異

消費材料より　55,000	

❿31日⑫

賃率差異＝31日③予定消費高－31日⑩実際消費高
＋¥24,000（貸方差異）＝¥3,600,000－¥3,576,000

消費賃金

実際消費高　3,576,000	予定消費高　3,600,000
賃率差異　24,000	

賃率差異

	消費賃金より　24,000

⓫1月末の賃金未払高＝前月未払高＋実際消費高
－当月支払高
¥1,043,000＝¥1,192,000＋¥3,576,000
－¥3,725,000

賃金

当月支払高　3,725,000	前月未払高　1,192,000
当月未払高　1,043,000	実際消費高　3,576,000

〈取引の仕訳〉

		借　　方		貸　　方		
1月9日		素　　材	5,040,000	買　掛　金	5,400,000	
		工場消耗品	360,000			
24日		賃　　金	3,725,000	所得税預り金	298,000	
				健康保険料預り金	149,000	
				当座預金	3,278,000	
31日	①	A組仕掛品	2,296,000	消費材料	4,510,000	❶
		B組仕掛品	2,214,000			
	②	組間接費	339,000	工場消耗品	339,000	❷
	③	A組仕掛品	1,800,000	消費賃金	3,600,000	❸
		B組仕掛品	1,500,000			
		組間接費	300,000			
	④	組間接費	149,000	健康保険料	149,000	
	⑤	A組仕掛品	245,000	外注加工賃	319,000	
		B組仕掛品	74,000			
	⑥	組間接費	1,357,000	電　力　料	426,000	
				保　険　料	213,000	
				減価償却費	718,000	
	⑦	A組仕掛品	1,287,000	組間接費	2,145,000	❹
		B組仕掛品	858,000			
	⑧	A組製品	6,000,000	A組仕掛品	6,000,000	❼
		B組製品	5,000,000	B組仕掛品	5,000,000	
	⑨	消費材料	4,565,000	素　　材	4,565,000	❽
	⑩	消費賃金	3,576,000	賃　　金	3,576,000	
	⑪	材料消費価格差異	55,000	消費材料	55,000	❾
	⑫	消費賃金	24,000	賃率差異	24,000	❿

5—1

(1)

		借 方		貸 方		
/月8日		素　　　材	2,380,000	買 掛 金	2,500,000	
		工場消耗品	120,000			
/2日		仕 掛 品	2,583,000	素　　　材	2,583,000	❶
/8日		電 力 料	137,000	当 座 預 金	366,000	
		保 険 料	216,000			
		雑　　　費	13,000			
25日		賃　　　金	2,212,000	所得税預り金	198,000	
				健康保険料預り金	98,000	
				当 座 預 金	1,916,000	
3/日	①	仕 掛 品	110,000	工場消耗品	110,000	❷
	②	仕 掛 品	2,254,000	消費賃金	2,254,000	❸
	③	仕 掛 品	98,000	健康保険料	98,000	
	④	仕 掛 品	266,500	電 力 料	124,000	
				保 険 料	18,000	
				減価償却費	112,000	
				雑　　　費	12,500	
	⑤	製　　　品	5,004,000	仕 掛 品	5,004,000	❻
	⑥	消費賃金	2,248,000	賃　　　金	2,248,000	❼
	⑦	消費賃金	6,000	賃 率 差 異	6,000	❽
	⑧	売 掛 金	8,000,000	売　　　上	8,000,000	❾
		売上原価	5,344,000	製　　　品	5,344,000	

(2)

賃　　　金

1/25 諸　　口	2,212,000	1/1 前 月 繰 越	421,000
31 次 月 繰 越	457,000	31 消 費 賃 金	2,248,000
	2,669,000		2,669,000

仕　　掛　　品

1/1 前 月 繰 越	690,000	1/31 製　　　品	5,004,000
12 素　　　材	2,583,000	〃 次 月 繰 越	997,500
31 工場消耗品	110,000		
〃 消 費 賃 金	2,254,000		
〃 健康保険料	98,000		
〃 諸　　口	266,500		
	6,001,500		6,001,500

(3)

単純総合原価計算表

令和○年/月分

摘　　要	素 材 費	加 工 費	合　　計	
材 料 費	2,583,000	110,000	2,693,000	
労 務 費	——	2,352,000	2,352,000	
経 費	——	266,500	266,500	
計	2,583,000	2,728,500	5,311,500	
月初仕掛品原価	480,000	210,000	690,000	
計	3,063,000	2,938,500	6,001,500	
月末仕掛品原価	615,000 ❹	382,500 ❺	997,500	
完成品原価	2,448,000	2,556,000	5,004,000 ❻	
完成品数量	3,000個	3,000個	3,000個	
製 品 単 価	¥ 816	¥ 852	¥ 1,668	

解説

❶ 素　　　材

前月繰越高 1,400個 (@¥400)	$\dfrac{¥560,000 + ¥2,380,000}{1,400個 + 5,600個}$ = @¥420 (消費単価)
8日仕入高 5,600個 (@¥425)	

@¥420×6,150個 = ¥2,583,000（仕掛品へ）

❷ 工場消耗品

前月繰越高 500個	消費高 1,100個
8日仕入高 1,200個	月末棚卸高 600個

1,100個 × @¥100 = ¥110,000（仕掛品へ）

❸ ¥920×2,450時間 = ¥2,254,000（仕掛品へ）

❹ 仕 掛 品（素材費）先入先出法

月初仕掛品 480,000	月初仕掛品 600個	完成品 3,000個
当月製造費用 2,583,000	当月製造費用 2,400個	
	月末仕掛品 750個	

$¥2,583,000 × \dfrac{750個}{3,000個 - 600個 + 750個}$
= ¥615,000（素材費）

❺ 仕 掛 品（加工費）先入先出法

月初仕掛品 210,000	月初仕掛品 600個×40%	完成品 3,000個
当月製造費用 2,728,500	当月製造費用 2,760個	
	月末仕掛品 750個×60%	

$¥2,728,500 × \dfrac{750個×60\%}{3,000個 - 600個×40\% + 750個×60\%}$
= ¥382,500（加工費）

❻ 完成品原価を製品勘定へ。

❼

賃　　　金

当月支払高	2,212,000	前月未払高	421,000
当月未払高	457,000	実際消費高	2,248,000

消 費 賃 金

実際消費高	2,248,000	

— 45 —

❽

消費賃金			
実際消費高	2,248,000	予定消費高	2,254,000
賃率差異	6,000		

賃率差異			
		消費賃金より	6,000

❾ @¥2,500×3,200個＝¥8,000,000（売上高）
製品の払出単価は総平均法による。

$$\frac{¥841,000＋¥5,004,000}{500個＋3,000個}＝@¥1,670$$

@¥1,670×3,200個＝¥5,344,000（売上原価）

5—2

（1）

		借　　方		貸　　方		
6月4日		A組仕掛品	2,464,000	素　　材	2,464,000	❶
7日		素　　材	4,582,000	買　掛　金	4,957,000	
		工場消耗品	375,000			
9日		B組仕掛品	1,957,000	素　　材	1,957,000	❷
20日		外注加工賃	354,000	当座預金	1,167,000	
		電　力　料	192,000			
		保　険　料	576,000			
		雑　　費	45,000			
24日		賃　　金	3,891,000	所得税預り金	364,000	
				健康保険料預り金	187,000	
				当座預金	3,340,000	
30日	①	組間接費	410,000	工場消耗品	410,000	❸
	②	A組仕掛品	1,512,000	消費賃金	3,864,000	❹
		B組仕掛品	2,016,000			
		組間接費	336,000			
	③	組間接費	187,000	健康保険料	187,000	
	④	A組仕掛品	216,000	外注加工賃	340,000	
		B組仕掛品	124,000	電　力　料	204,000	
		組間接費	627,000	保　険　料	96,000	
				減価償却費	280,000	
				雑　　費	47,000	
	⑤	消費賃金	3,878,000	賃　　金	3,878,000	❺
	⑥	A組仕掛品	858,000	組間接費	1,560,000	❻
		B組仕掛品	702,000			
	⑦	A組製品	4,896,000	A組仕掛品	4,896,000	❶
		B組製品	4,760,000	B組仕掛品	4,760,000	
	⑧	賃率差異	14,000	消費賃金	14,000	❶❷

（2）

組　間　接　費			
6/30 工場消耗品	410,000	6/30 諸　　口	1,560,000
〃 消費賃金	336,000		
〃 健康保険料	187,000		
〃 諸　　口	627,000		
	1,560,000		1,560,000

B　組　仕　掛　品			
6/1 前月繰越	505,000	6/30 B組製品	4,760,000
9 素　　材	1,957,000	〃 次月繰越	544,000
30 消費賃金	2,016,000		
〃 外注加工賃	124,000		
〃 組間接費	702,000		
	5,304,000		5,304,000

（3）

組別総合原価計算表
令和○年6月分

摘　　　　要		A　組	B　組	
組直接費	素材費	2,464,000	1,957,000	
	加工費	1,728,000	2,140,000	
組間接費	加工費	858,000	702,000	
当月製造費用		5,050,000	4,799,000	
月初仕掛品原価	素材費	386,000	287,000	
	加工費	144,000	218,000	
計		5,580,000	5,304,000	
月末仕掛品原価	素材費	❼ 450,000	❾ 340,000	
	加工費	❽ 234,000	❿ 204,000	
完成品原価		⓫ 4,896,000	⓫ 4,760,000	
完成品数量		3,200個	2,800個	
製品単価		¥ 1,530	¥ 1,700	

解説 ❶

素　　材		A組仕掛品
前月繰越高 4,100個 (@¥770)	4日消費高 3,200個 (@¥770) →	2,464,000

❷

素　　材		
前月残高 900個 (@¥770)	9日消費高 900個 1,600個	×@¥770＝ ¥ 693,000 ×@¥790＝ ¥1,264,000
7日仕入高 5,800個 (@¥790)		¥1,957,000 （B組仕掛品へ）

❸

工場消耗品	
前月繰越高 640個	消費高 1,640個
7日仕入高 1,500個	月末棚卸高 500個

×@¥250＝¥410,000 （組間接費へ）

❹ ¥840×1,800時間＝¥1,512,000（A組仕掛品へ）
¥840×2,400時間＝¥2,016,000（B組仕掛品へ）
¥840×　400時間＝¥　336,000（組間接費へ）

❺ 当月支払高－前月未払高＋当月未払高＝当月消費高
¥3,891,000－¥648,000＋¥635,000＝¥3,878,000

❻ ¥410,000＋¥336,000＋¥187,000＋¥627,000
＝¥1,560,000（組間接費合計）
¥1,560,000×0.55＝¥858,000（A組仕掛品へ）
¥1,560,000×0.45＝¥702,000（B組仕掛品へ）

【月末仕掛品原価の計算】平均法

A組仕掛品（素材費）	
月初仕掛品 386,000	完成品 3,200個
組直接費 2,464,000	月末仕掛品 600個

A組仕掛品（加工費）	
月初仕掛品 144,000	完成品 3,200個
組直接費 1,728,000	
組間接費 858,000	月末仕掛品 600個×50%

❼ $(¥386,000 + ¥2,464,000) × \dfrac{600個}{3,200個 + 600個}$

$= ¥450,000$（素材費）

❽ $(¥144,000 + ¥2,586,000) × \dfrac{600個 × 50\%}{3,200個 + 600個 × 50\%}$

$= ¥234,000$（加工費）

B組仕掛品（素材費）			B組仕掛品（加工費）	
月初仕掛品 287,000	完 成 品 2,800個		月初仕掛品 218,000	完 成 品 2,800個
組直接費 1,957,000	月末仕掛品 500個		組直接費 2,140,000	
			組間接費 702,000	月末仕掛品 500個 × 40\%

❾ $(¥287,000 + ¥1,957,000) × \dfrac{500個}{2,800個 + 500個}$

$= ¥340,000$（素材費）

❿ $(¥218,000 + ¥2,842,000) × \dfrac{500個 × 40\%}{2,800個 + 500個 × 40\%}$

$= ¥204,000$（加工費）

⓫ 各組の完成品原価を各組ごとの製品勘定へ。

⓬ 賃率差異＝予定消費高－実際消費高
－¥14,000（借方差異）＝¥3,864,000－¥3,878,000

第6編 総合原価計算(Ⅱ)

23 工程別総合原価計算 (p.114)

23 1

工程別総合原価計算表
令和○年11月分

摘　　　要	第1工程	第2工程
工 程 個 別 費	243,000	153,000
部門共通費配賦額	30,000	22,000
補助部門費配賦額 ❶	42,000 ❷	18,000
前 工 程 費	—— ❸	320,000
当 月 製 造 費 用	315,000	513,000
月 初 仕 掛 品 原 価	30,000	28,000
計	345,000	541,000
月 末 仕 掛 品 原 価	25,000	61,000
工 程 完 成 品 原 価	320,000	480,000
工 程 完 成 品 数 量	1,600個	1,200個
工 程 完 成 品 単 価	¥　200	¥　400

解説 補助部門費の各工程への配賦額は，次のように計算する。

補助部門個別費＋補助部門に配賦された部門共通費
＝補助部門費合計
¥40,000（資料②）＋¥20,000（資料③）＝¥60,000

❶ ¥60,000 × 70\% ＝ ¥42,000

❷ ¥60,000 × 30\% ＝ ¥18,000

❸ 第1工程の完成品原価¥320,000は，第2工程の当月製造費用に，前工程費として加算される。

23 2

工程別総合原価計算表
令和○年12月分

摘　　　要	第1工程	第2工程
工 程 個 別 費	3,070,000	2,610,000
部門共通費配賦額 ❶	300,000 ❷	300,000
補助部門費配賦額 ❸	540,000 ❹	360,000
前 工 程 費	—— ❻	3,900,000
当 月 製 造 費 用	3,910,000	7,170,000
月 初 仕 掛 品 原 価	230,000	930,000
計	4,140,000	8,100,000
月 末 仕 掛 品 原 価 ❺	240,000 ❼	1,980,000
工 程 完 成 品 原 価	3,900,000	6,120,000
工 程 完 成 品 数 量	3,000個	2,400個
工 程 完 成 品 単 価	¥ 1,300	¥ 2,550

解説 部門共通費¥750,000の配賦額は，次のように計算する。

❶ ¥750,000 × 40\% ＝ ¥300,000（第1工程）

❷ ¥750,000 × 40\% ＝ ¥300,000（第2工程）

¥750,000 × 20\% ＝ ¥150,000（補助部門）

補助部門費の各工程への配賦額は，次のように計算する。

補助部門個別費¥500,000 ＋ ¥250,000（資料③ア）
＋補助部門に配賦された部門共通費¥150,000
＝¥900,000

❸ ¥900,000 × 60\% ＝ ¥540,000（第1工程）

❹ ¥900,000 × 40\% ＝ ¥360,000（第2工程）

❺第1工程月末仕掛品素材費

$$(\yen90,000 + \yen900,000) \times \frac{300個}{3,000個+300個}$$

$$= \yen90,000$$

第1工程月末仕掛品加工費

$$(\yen140,000 + \yen1,000,000 + \yen1,170,000$$
$$+ \yen300,000 + \yen540,000)$$

$$\times \frac{300個\times50\%}{3,000個+300個\times50\%} = \yen150,000$$

$$\yen90,000 + \yen150,000 = \yen240,000$$

❻第1工程の完成品原価 $\yen3,900,000$ は，第2工程の当月製造費用に，前工程費として加算される。

❼第2工程月末仕掛品素材費

$$(\yen120,000 + \yen510,000) \times \frac{1,200個}{2,400個+1,200個}$$

$$= \yen210,000$$

第2工程月末仕掛品加工費

$$(\yen210,000 + \yen1,020,000 + \yen1,080,000$$
$$+ \yen300,000 + \yen360,000) \times \frac{1,200個\times20\%}{2,400個+1,200個\times20\%}$$

$$= \yen270,000$$

第2工程月末仕掛品前工程費

$$(\yen600,000 + \yen3,900,000) \times \frac{1,200個}{2,400個+1,200個}$$

$$= \yen1,500,000$$

$$\yen210,000 + \yen270,000 + \yen1,500,000$$
$$= \yen1,980,000$$

23 3

(1)

工程別総合原価計算表

令和○年/2月分

摘　　　要	第 / 工 程	第 2 工 程
工程個別費　素材費	405,000	247,500
前工程費	──	❷ 558,000
労務費	243,000	147,000
経費	162,000	93,000
部門共通費配賦額	168,000	156,000
補助部門費配賦額	105,000	45,000
当月製造費用	1,083,000	1,246,500
月初仕掛品原価	33,000	84,000
計	1,116,000	1,330,500
月末仕掛品原価	❶ 111,600	196,500
工程完成品原価	1,004,400	1,134,000
工程完成品数量	900個	500個
工程完成品単価	$\yen$　　1,116	$\yen$　　2,268

(2)

借　　　方		貸　　　方	
第1工程半製品	1,004,400	第1工程仕掛品	1,004,400
第2工程仕掛品	558,000	第1工程半製品	558,000

解説 ❶ $\yen1,116,000 \times \frac{200個\times50\%}{900個+200個\times50\%} = \yen111,600$

❷第1工程完成品単価 @$\yen1,116 \times 500個 = \yen558,000$

23 4

	借　　　方		貸　　　方	
(1)	第1工程仕掛品	420,000	素　　　材	450,000
	修繕部門費	30,000		
(2)	第1工程仕掛品	280,000	賃　　　金	530,000
	第2工程仕掛品	250,000		
(3)	第1工程半製品	900,000	第1工程仕掛品	900,000
	第2工程仕掛品	720,000	第1工程半製品	720,000
(4)	製　　　品	1,580,000	第3工程仕掛品	1,580,000

23 5

	借　　　方		貸　　　方	
(1)	第1工程仕掛品	725,000	素　　　材	575,000
	第2工程仕掛品	120,000	買 入 部 品	270,000
(2)	第1工程仕掛品	1,200,000	賃　　　金	2,650,000
	第2工程仕掛品	800,000		
	第3工程仕掛品	650,000		
(3)	第1工程半製品	675,000	第1工程仕掛品	675,000
	第2工程仕掛品	540,000	第1工程半製品	540,000
(4)	第2工程仕掛品	600,000	第1工程半製品	600,000
(5)	製　　　品	2,500,000	第2工程仕掛品	2,500,000

検定問題　　　　　　　　　　　　　　(p.118)

23 6

	借　　　方		貸　　　方		
(1)	第2工程仕掛品	5,290,000	第1工程仕掛品	5,290,000	❶
	製　　　品	6,410,000	第2工程仕掛品	6,410,000	❶
(2)	第1工程半製品	2,670,000	第1工程仕掛品	2,670,000	❶
	第2工程仕掛品	1,945,000	第1工程半製品	1,945,000	❷
	製　　　品	3,180,000	第2工程仕掛品	3,180,000	
(3)	第2工程仕掛品	3,500,000	第1工程仕掛品	3,500,000	❶
	製　　　品	5,200,000	第2工程仕掛品	5,200,000	
(4)	第1工程半製品	1,850,000	第1工程仕掛品	1,850,000	❶
	第2工程仕掛品	2,250,000	第1工程半製品	2,250,000	❷
	製　　　品	3,010,000	第2工程仕掛品	3,010,000	
(5)	売 掛 金	2,160,000	売　　　上	2,160,000	
	売 上 原 価	1,800,000	第1工程半製品	1,800,000	

解説 ❶第1工程が終了し，第2工程仕掛品に振り替える。

❷第1工程が終了し，いったん倉庫に保管しているので，第1工程半製品に振り替える。

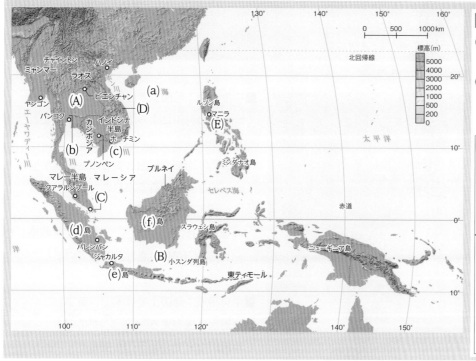

Work

❶赤道を**赤**で，北緯 10 度と南緯 10 度の線を**青**でなぞろう。

❷地図上の A ～ E に対応する国名と a ～ f に対応する自然地名を線で結ぼう。

A・		・シンガポール
B・		・フィリピン
C・		・インドネシア
D・		・タイ
E・		・ベトナム
a・		・ジャワ
b・		・南シナ
c・		・メコン
d・		・スマトラ
e・		・チャオプラヤ
f・		・カリマンタン

項目	大陸部	島嶼部
位置	北緯 10 度より北	南緯 10 度から北緯 10 度
気候	・年中高温で，雨季と乾季が明瞭な⑫□□□気候が中心。⑬□□が盛ん。 ・夏の時期は⑭□□から吹く海からの湿った⑮□□□□□により雨季。冬の時期は⑯□□から吹く大陸からの乾燥した⑮により乾季。	・年中高温で降水量が多い⑲□□□□気候が中心。 ・多様な樹種からなる熱帯雨林が広がり，⑳□□をおこなうための資源が豊富。
地形	・北部の山地から河川が流れ出し，川が作った沖積⑰□□の河口部では⑱□□□が発達。	・変動帯の山がちな地形。㉑□□が列状に連なり，㉒□□や㉓□□などの自然災害が多い。 ・㉔□□や㉕□□□□などの鉱産資源が豊富。

⑫
⑬
⑭
⑮
⑯
⑰
⑱
⑲
⑳
㉑
㉒
㉓
㉔
㉕

■**下の雨温図を分類してみよう（〔 〕にあてはまる正しい語句に〇をつけよう）。**

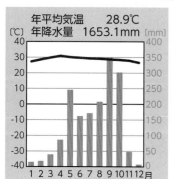

大陸部で多く見られる気候 〔 左図 ／ 右図 〕

島嶼部で多く見られる気候 〔 左図 ／ 右図 〕

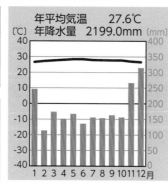

①

②

③

④

⑤

⑥

⑦

⑧

⑨

⑩

⑪

⑫

⑬

⑭

⑮

⑯

memo

第２編　第１章　生活文化の多様性と国際理解　グループ２　東南アジア　　教科書▶ p.60-61

2 自然と人々の生業

大陸部タイでの生活

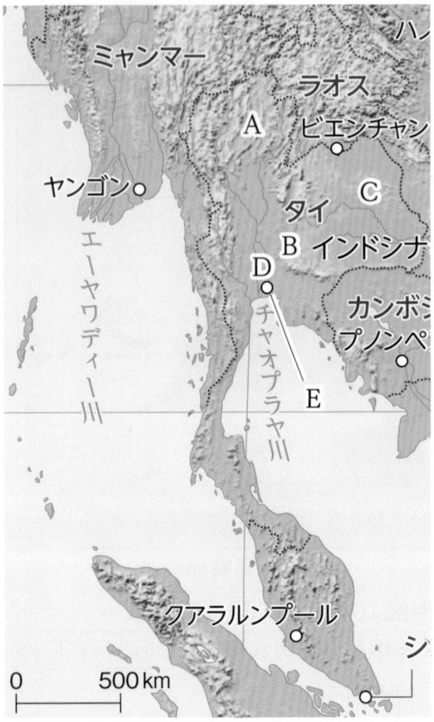

■中央山地：地図上では①□（英字）

⇒大小の河川によって②□□□が刻まれ，盆地が形成

⇒③□□南部を起源とする山岳民族が生活

⇒以前は④□□農業がおこなわれていた（＝⑤□□□な農業）

⇒今日では，⑥□□□□□□□などを栽培したり，⑦□が生産されたりしている。

■中央平原：地図上では⑧□（英字）

⇒雨水に依存する⑨□□□が広がる

⇒河川などでの⑩□□も盛ん

■東北部：地図上では⑪□（英字）

⇒タイで最も貧しい地域

⇒⑫□□□労働者が首都バンコクに移動

■チャオプラヤ川の三角州：地図上では⑬□（英字）

⇒低湿地。⑭□□や水路が張りめぐらされ，都市が成長。

⇒世界有数の⑦の生産地。多くが輸出用。商業目的の農業。

■首都バンコク：上の地図では⑮□（英字）

⇒東南アジア有数の都市（タイの政治，経済の中心＝⑯□□□□□□□・シティ）

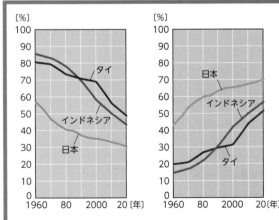

1 主な国の総人口に占める農村人口（左）と都市人口（右）の推移　日本は総務省資料，その他の国は世界銀行資料による。

Check　左図を読み取ってまとめた次の文章が正しい場合は○を，誤っている場合は×を［　］に記入しよう。

［　］経済成長が進むにつれて，農村人口比率が増加し，都市人口比率が減少する。

［　］都市人口比率が 20% から 40% にまで上昇する期間は，タイでは約 50 年，インドネシアでは約 20 年だった。

［　］インドネシアの都市化のスピードは，タイよりも遅い。

［　］2000 年から 2010 年におけるタイの都市人口比率の増加スピードは，インドネシアをうわまわっている。

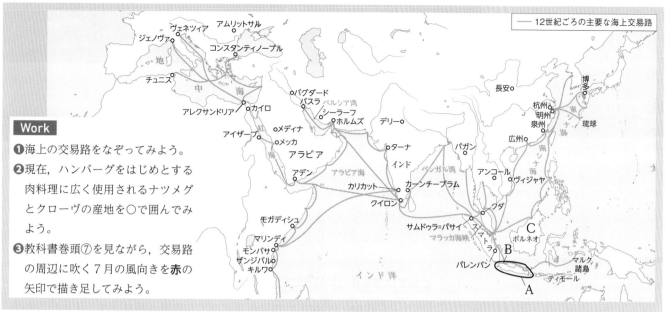

Work

❶海上の交易路をなぞってみよう。

❷現在，ハンバーグをはじめとする肉料理に広く使用されるナツメグとクローヴの産地を○で囲んでみよう。

❸教科書巻頭⑦を見ながら，交易路の周辺に吹く７月の風向きを**赤**の矢印で描き足してみよう。

島嶼部インドネシアでの生活

■ジャワ島からバリ島：地図上では⑰□（英字）

⇒火山が列状に連なる。⑱□□□□気候で年中高温多雨。

⇒⑲□□□と腐植があわさり，肥沃な土壌（⇒火山の山麓で⑦や野菜を栽培）

■ジャカルタ：地図上では⑳□（英字）

⇒㉑□□□□（人口が世界第一位の島）の西に位置するインドネシアの首都

⇒㉒□□□□植民地時代に，貿易港バタヴィアとして建設

⇒周辺の農村から人口が流入，急激な人口増加（⇒さまざまな都市問題が発生）

■カリマンタン島：地図上では㉓□（英字）

⇒海岸部には泥炭湿地が広がり，石炭や石油が産出する

⇒内陸部には⑱が広がり，大農園（㉔□□□□□□□□）が多くみられる

⇒㉕天然□□や㉖□□□□□などの㉗□□作物の栽培

⑰ _____

⑱ _____

⑲ _____

⑳ _____

㉑ _____

㉒ _____

㉓ _____

㉔ _____

㉕ _____

㉖ _____

㉗ _____

✎memo

_____

_____

_____

_____

Try 東南アジアにおける都市化の進展による人々の暮らしの変化についてまとめた次の文章が正しい場合は○を，誤っている場合は×を［ ］に記入しよう。

［ ］経済成長によって，農村人口比率が減少し，都市人口比率が増加している

［ ］ジャカルタでは地質の関係で線路の敷設が難しく，鉄道が整備されていない。

［ ］バンコクが位置するデルタでは洪水被害が多く，もともと人が住めない土地であったが，運河や水路の整備が進んだことで，居住に適した都市として発展をとげた。

［ ］東南アジアの大都市では道路などの整備が急増する人口に追いついていないため，交通渋滞がよく見られる。

③ グローバル化時代の農業と環境

① _____

② _____

③ _____

④ _____

⑤ _____

memo

稲作

①□□□□□がもたらす大量の降水，年中高温な気候

　⇒東南アジアの主食である米の生産

> 年に2回栽培する③□□□がおこなわれる（世界的な米の産地）。

稲作の地域的特徴

　　インドシナ半島のデルタ　：②□□の栽培

　　インドシナ半島の山地　　：④□□農業による陸稲栽培

　　島嶼部（ジャワ島など）　：山がちな地形。斜面に⑤□□を切り開いて栽培。

■ 〔 〕にあてはまる正しい語句に〇をつけ，図の説明文を完成させよう。

> 〔 1960 ／ 1980 〕年代後半以降，高収量の品種が導入されたことで，東南アジアにおける米の生産量は増加していった（＝〔 白 ／ 緑 〕の革命）。とくに，〔 フィリピン ／ インドネシア 〕における増産が目立つ。

〔万t〕

4,500
（精米ベース）
4,000　インドネシア
3,500
3,000　ベトナム
2,500　タイ
2,000　ミャンマー
1,500
1,000
500　フィリピン
0
1961　1970　1980　1990　2000　2010　2020〔年〕

輸出量の割合
（2020年）

インドネシア
0.001%

ベトナム
19.9%

タイ
28.1%

ミャンマー
11.0%

フィリピン
0.002%

❷主な国の米の生産量の推移と生産量に占める輸出量の割合

〔 タイ ／ インドネシア 〕とフィリピンは山がちな地形であり，効率的な米の生産が難しい一方，人口が〔 多い ／ 少ない 〕。そのため，〔 国内 ／ 国外 〕消費を目的とした米の栽培がおこなわれており，〔 輸出 ／ 輸入 〕割合は極端に少ない。一方，ベトナムと〔 タイ ／ インドネシア 〕には，大河川の下流に〔 扇状地 ／ デルタ 〕が広がっており，効率的に米の生産ができる。また，〔 タイ ／ インドネシア 〕と比べて人口が〔 多い ／ 少ない 〕ため，〔 国内 ／ 国外 〕消費を上回る量の米を生産できる。そのため米の〔 輸出 ／ 輸入 〕割合が，他国に比べると高い。

プランテーション

プランテーションとは

: ⑥□□を目的として，さまざまな⑦□□□□を単一生産する

大規模な⑧□□や，そこでおこなわれている農業のこと

⇒⑨□□□時代に，旧⑩□□□の政策や資本によって開発された

■ 下の語群から⑪〜⑲にあてはまる適切な語句を選び，表を完成させよう。

⑪	⑫	⑬
19世紀に⑭が⑮，コーヒーなどの商品作物の強制栽培制度を導入。こんにちでは，ココヤシや⑯の生産も盛ん。	⑰の植民地になった20世紀以降，⑮が導入され，各地で大規模農園がつくられた。こんにちでは，ココヤシや⑱の生産も盛ん。	⑲から導入された天然ゴムが世界的な需要増大にともなって，急速に拡大した。こんにちでは，⑯の生産も盛ん。

⑯に関するレポート（⑳〜㉓は空欄の数に応じた適切な語句・数字を記入しよう）

⑯は，世界で最も多く消費されている植物由来の油脂である⑳□□□□の原料である。㉑□□□□年代以降，合成ゴムの普及によって⑪と⑬におけるゴム園の多くが⑯に転換された。⑯は，熱帯雨林の原生林や伝統的な④を営んできた土地にも植えられ，急速にその面積が拡大している一方で，㉒□□や㉓□□□□□の減少のほか，伝統的な農業の衰退を招く要因にもなっている。

【語群：ブルネイ，インドネシア，タイ，フィリピン，マレーシア，ミャンマー，日本，オランダ，アメリカ合衆国，ブラジル，バナナ，サトウキビ，アブラヤシ】

⑥ _____

⑦ _____

⑧ _____

⑨ _____

⑩ _____

⑪ _____

⑫ _____

⑬ _____

⑭ _____

⑮ _____

⑯ _____

⑰ _____

⑱ _____

⑲ _____

⑳ _____

㉑ _____

㉒ _____

㉓ _____

農林水産業を通した海外と日本のつながり

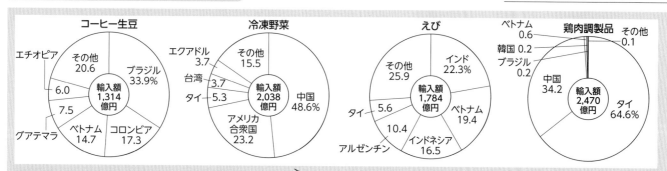

③日本の主な輸入品目における国・地域別の割合

Work

❶各図で示された東南アジアの国を好きな色で塗ってみよう。

❷図と教科書の内容を読み取ってまとめた右の文章が正しい場合は○を誤っている場合は×を［ ］に記入しよう。

[ ] コーヒーとえびの最大輸入先はいずれも東南アジアの国である。

[ ] コーヒー生豆の総輸入額に占めるブラジルからの輸入額は，えびの総輸入額に占めるベトナムからの輸入額よりも約40億円多い。

[ ] 近年は，自然環境に配慮した持続可能なえび養殖の取り組みが進んでいる。

[ ] 東南アジア諸国は生の食材だけでなく，加工食品も日本に輸出している。

4 文化と民族

①
②
③
④
⑤
⑥
⑦
⑧
⑨
⑩
⑪
⑫
⑬
⑭
⑮
⑯
⑰
⑱
⑲

memo

文化の重層性

東南アジアの文化

⇒古くから①□□□と②□□の影響

大陸部の国々
◆ミャンマーや③□□など
⇒①から伝わった④□□仏教の信仰
◆ベトナム北部
⇒②の影響を強く受けた
⇒東アジアで信仰されている⑤□□仏教の信仰のほか，五教（仏教，儒教，道教，キリスト教，⑥□□□□□）の教えを土台とした民間信仰（⑦□□□□教）など
島嶼部の国々
◆インドネシアと⑧□□□□□□
⇒来航した商人が伝えた⑥の信仰
◆⑨□□□□□と⑩□□□□□□
⇒大航海時代に到来した⑪□□□□□諸国の影響を大きく受け，⑫□□□□□（キリスト教の一派）の信仰

宗教の混在によって生じる課題

：国で優勢となっていない宗教を信仰する民族が不利益をこうむり，独立運動が起こったり，また迫害を受けたりすることで，国内多数派との衝突が発生

東ティモール

⑬□□□□□□（イスラームが多数派）からの独立

タイ（南部）

⑥教徒によるタイ（仏教が多数派）からの分離・独立運動

ミャンマー（南東部）

⑥教徒の⑭□□□□□が難民化

Work

❶仏教，⑥，キリスト教，ヒンドゥー教をそれぞれ異なる色で塗りわけてみよう。

ベトナム
仏教 7.9%
キリスト教 7.5%
⑥ 0.1%
無宗教 81.8%
その他
（⑦教など）2.7%
2009年推計

タイ
⑥ 4.3%　その他 1.1%
仏教 94.6%
2015年推計

フィリピン
民間信仰 0.2%
その他（無宗教含む）2.0%
⑥ 5.6%
キリスト教 92.2%
2010年推計

インドネシア
ヒンドゥー教 1.7%　その他 1.2%
キリスト教 9.9%
⑥ 87.2%
2010年推計

マレーシア
ヒンドゥー教 6.3%　その他（無宗教含む）3.4%
キリスト教 9.2%
仏教 19.8%
⑥ 61.3%
2010年推計

❷主な国の宗教の割合

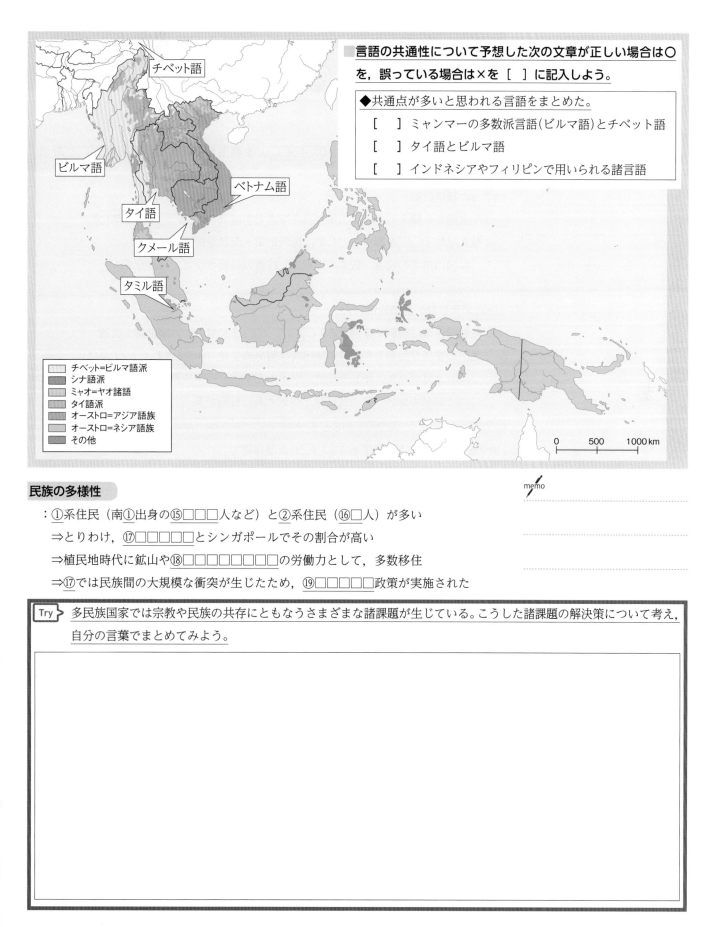

言語の共通性について予想した次の文章が正しい場合は○を，誤っている場合は×を［　］に記入しよう。

◆共通点が多いと思われる言語をまとめた。

［　］ミャンマーの多数派言語(ビルマ語)とチベット語

［　］タイ語とビルマ語

［　］インドネシアやフィリピンで用いられる諸言語

チベット語
ビルマ語
タイ語
クメール語
タミル語
ベトナム語

チベット=ビルマ語派
シナ語派
ミャオ=ヤオ諸語
タイ語派
オーストロ=アジア語族
オーストロ=ネシア語族
その他

0　　500　　1000 km

民族の多様性

：①系住民（南①出身の⑮□□□人など）と②系住民（⑯□人）が多い

⇒とりわけ，⑰□□□□□とシンガポールでその割合が高い

⇒植民地時代に鉱山や⑱□□□□□□□□の労働力として，多数移住

⇒⑰では民族間の大規模な衝突が生じたため，⑲□□□□□政策が実施された

memo

Try 多民族国家では宗教や民族の共存にともなうさまざまな諸課題が生じている。こうした諸課題の解決策について考え，自分の言葉でまとめてみよう。

① _____
② _____
③ _____
④ _____
⑤ _____
⑥ _____
⑦ _____
⑧ _____
⑨ _____
⑩ _____
⑪ _____
⑫ _____

5 経済発展と地域内の連携

工業化と経済発展

植民地時代や独立後

：特定の農産品や地下資源（＝①□□□□）を輸出する経済＝②□□□□□□経済

独立後の経済政策

：先進国から輸入していた工業製品を国内で生産（＝③□□□□□工業化）

：輸入品に④□□を課すなどして，国内企業・産業を保護

　⇒国内市場の狭さ，資本の未形成，技術力の低さなどで成功せず

1980年代以降の経済政策

：先進国企業に税制を優遇する⑤□□□□□を設置し，外国企業を誘致

：国内の安価な労働力を用い，輸出向け製品の生産（＝⑥□□□□□工業化）

　⇒シンガポール，マレーシア，タイの工業化と経済成長

　⇒インドネシア，フィリピン，ベトナムにも広がる

memo

	マレーシア	シンガポール
独立後	地下資源である⑦□□と商品作物である⑧□□に依存	
1970年代〜	⑨□□□□□政策を実施し，マレー系住民の商工業への進出を促進	⑥工業化
1980年代〜	⑩□□□□□□政策の開始	
1990年代〜		⑪□□□□□の地域統括拠点 ⑫□□業の発展

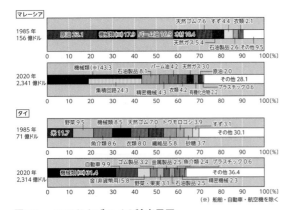

2 マレーシアおよびタイの輸出品目

■ 左図を読み取ってまとめた次の文章が正しい場合は〇を，誤っている場合は×を［　］に記入しよう。

［　］1985年から2020年までに，マレーシアの輸出額は15倍以上伸びている。

［　］1985年から2020年までの輸出額の伸びは，タイよりマレーシアの方が大きい。

［　］2020年現在，マレーシアとタイで最も輸出額の大きい品目は，ともに機械類である。

［　］2020年のマレーシアでは輸出品目に木材や天然ゴムがみられ，1985年に比べて輸出品目が高付加価値化していない。

［　］この35年間でタイでは自動車工業が盛んになり，多くの自動車工業が立地したため，自動車の輸出額が急速に伸びている。

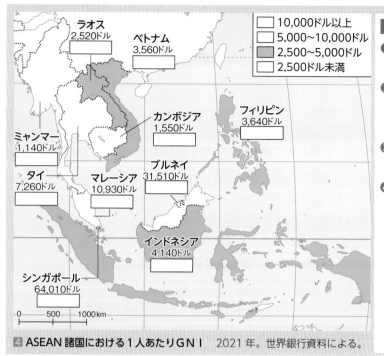

ラオス
2,520ドル

ベトナム
3,560ドル

カンボジア
1,550ドル

フィリピン
3,640ドル

ミャンマー
1,140ドル

タイ
7,260ドル

マレーシア
10,930ドル

ブルネイ
31,510ドル

インドネシア
4,140ドル

シンガポール
64,010ドル

10,000ドル以上
5,000～10,000ドル
2,500～5,000ドル
2,500ドル未満

0　　500　　1000km

4 ASEAN 諸国における1人あたりGNI　2021年。世界銀行資料による。

Check & Work

❶各国の ASEAN 加盟年を国名の下の空欄に記入しよう（原加盟国は ASEAN 設立年を記入）。

❷1人あたり GNI が 10,000 ドル以上の国，5,000～10,000 ドルの国，2,500 ドル未満の国をそれぞれ異なる色で塗りわけてみよう。

❸教科書 p.66 の図1を見ながら，ブルネイの周辺にある原油の産出地を地図上に示してみよう。

❹図を読み取ってまとめた次の文章が正しい場合は○を誤っている場合は×を［　］に記入しよう。

［　］1990 年以降に加盟した国々の1人あたり GNI は，5,000 ドル未満である。

［　］ブルネイの1人あたり GNI の大きさには，国土の狭さや人口の少なさ，原油産出地の集中などが関係している。

連携を強化する ASEAN

　下の語群から⑬～⑱にあてはまる適切な語句を選び，表を完成させよう。

1993 年	⑬（ASEAN 自由貿易地域）の発足
	⇒モノの国際移動にかかる⑭や人や金の国際移動の⑮などを緩和
2000 年代～	域外の国々との経済連携を強化
	⇒ 2008 年に日本と包括的経済連携協定（⑯）を締結
	⇒教科書 p67 図3を見ると，GDP が⑰年以降に急拡大
2015 年	⑱（ASEAN 経済共同体）の発足
	⇒域内で生産された製品の⑭の撤廃，短期滞在ビザの撤廃など

【語群：関税，人件費，規制，管理費，AFTA，AEC，EPA，FTA，2000，2005，2008】

⑬＿＿＿＿＿＿＿
⑭＿＿＿＿＿＿＿
⑮＿＿＿＿＿＿＿
⑯＿＿＿＿＿＿＿
⑰＿＿＿＿＿＿＿
⑱＿＿＿＿＿＿＿

Try　経済成長や国家間の経済連携が人々の生活文化に及ぼす影響について考え，自分の言葉でまとめてみよう。

① _____

② _____

③ _____

④ _____

⑤ _____

⑥ _____

⑦ _____

⑧ _____

⑨ _____

⑩ _____

⑪ _____

Plus Ultra ▷ グループ2のまとめ

産業の発展

18世紀 後半	イギリスで①□□□□がはじまる ⇒動力として②□□□□を使用 ⇒工場で③□□を用いて工業製品を生産する工場制機械工業のはじまり
19世紀 後半	ドイツとアメリカを中心に第二次①がはじまる ⇒動力として④□□を使用 ⇒工業の中心が⑤□□□から⑥□□□に転換 ※⑦□□□□をすることで，スケールメリットを向上させる。
20世紀 後半	・⑧□□□□□□の開発によって情報処理能力が向上 ・20世紀末から⑨□□□□□□□などの⑩□□□□□□が格段に進歩 　　　　　　　　⇒情報通信を基盤とする新しい産業社会の形成
21世紀	⑪□□□□の開発や導入⇒機械がみずから学習して動く「自律化」

産業と経済格差

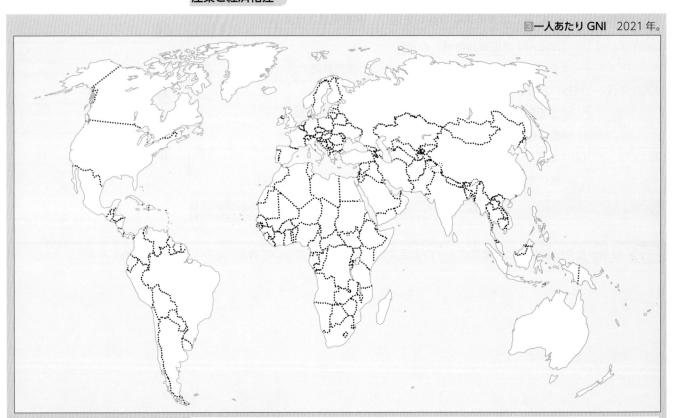

❸一人あたり GNI　2021年。

Check & Work

❶ 高所得国（ベルギー・ドイツ・ポーランド）を同じ色で，上位中所得国（カザフスタン・トルコ・中国）を同じ色で，下位中所得国（バングラデシュ）のみ別の色で塗ってみよう。

❷ 教科書 p.43 図2で示された国際分業の流れ（①⇒⑧の流れ）を上図に再現してみよう。

伝統と革新が共存する暮らし／消費活動の変化

アジアの農村部

以前：自給作物の余剰分を販売に回すことで最低限の生活を営む

現在：企業と契約して作物の生産をおこなう⑫□□□□が広くおこなわれる

⇒より利益が得られる生産を農民みずからが追求するように

⇒先端技術を用いた農作物の栽培，情報端末を用いた情報収集　など

アジアの都市部

：経済発展にともなう⑬□□□□の台頭

：都市部への人口流入⇒農村出身者が⑭□□□□□□□□□□で働くケースも多い

：大型ショッピングモールが進出する一方で，屋台や露店が強く根付いている

⑫ _____

⑬ _____

⑭ _____

_____

memo

導入
memo

振り返り
memo

① _____

② _____

③ _____

④ _____

⑤ _____

⑥ _____

⑦ _____

⑧ _____

⑨ _____

⑩ _____

⑪ _____

⑫ _____

⑬ _____

⑭ _____

memo

_____

_____

_____

_____

_____

_____

_____

_____

_____

1 歴史と自然環境

紀元前の社会と宗教の発祥

紀元前 2500 年頃

　インダス文明：インダス川流域におこった青銅器文明（ドラヴィダ系住民が担い手）

　　　　　　　：①□□□□＝□□□の遺跡など

前 1500 年～前 1000 年頃

　インド＝ヨーロッパ系住民②□□□□□の移動

　インダス川流域から③□□□□川流域に拡大

宗教の発祥

　②の社会：さまざまな自然現象を崇拝する④□□□□教中心の社会

　　　　　：⑤□□□制という身分制度が基礎となる社会。

　　　　　　　　⇒これらを基礎として，紀元後4世紀に⑥□□□□教が形成

　　　　　　　　⇒身分制度と職業集団が結び付いた⑦□□□□制度が社会に根付く

イスラーム勢力の侵入

7 世紀ごろ	インドにイスラームが伝わる
10 世紀末～	北西のアフガニスタン方面から，イスラーム勢力の侵攻が本格化
13 世紀末～	イスラーム政権がインドに成立 　　⇒⑥文化と共存 　　⇒⑧□□□＝□□□の建築などインド＝イスラーム文化が栄える 　　⇒⑥教とイスラームが融合した⑨□□教が成立
17 世紀後半	⑥教とイスラームの融和策の転換 　　⇒地方勢力の離反⇒イスラーム政権の統治力が弱まる

植民地支配と独立

16 世紀～	ヨーロッパ勢力による植民地支配が各地域で進展
19 世紀なかば	⑩□□□□によるインドの直接統治 　　【背景】⑪□□□□□□を通じたインドへの進出 　　【統治】宗教間やカースト間の反目を利用（＝⑫□□統治）
第一次世界大戦後	独立運動が本格化（ガンディーの活躍）
1947 年	独立 　　⇒⑥教徒主体の⑬□□□□ 　　⇒イスラーム教徒主体の⑭□□□□□

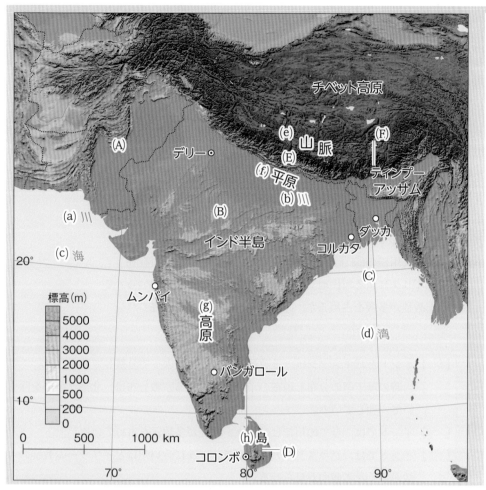

❶教科書巻頭⑦を見ながら，この地域に吹く１月の風向きを青の矢印で，７月の風向きを**赤**の矢印でそれぞれおおまかに描き足してみよう。

❷地図上の A ～ F に対応する国名と a ～ h に対応する自然地名を線で結ぼう。

A・	・バングラデシュ
B・	・ネパール
C・	・パキスタン
D・	・インド
E・	・スリランカ
F・	・ブータン

a・	・ヒンドスタン
b・	・ベンガル
c・	・アラビア
d・	・インダス
e・	・デカン
f・	・ガンジス
g・	・セイロン
h・	・ヒマラヤ

湿潤の東部と乾燥の北西部

Check 上図における季節風の向きに着目しながら，表を完成させてみよう。

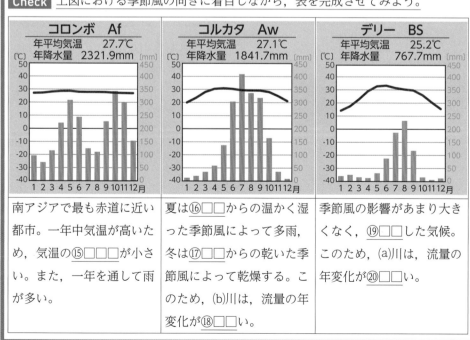

コロンボ Af	コルカタ Aw	デリー BS
年平均気温 27.7℃ 年降水量 2321.9mm	年平均気温 27.1℃ 年降水量 1841.7mm	年平均気温 25.2℃ 年降水量 767.7mm
南アジアで最も赤道に近い都市。一年中気温が高いため，気温の⑮□□□が小さい。また，一年を通して雨が多い。	夏は⑯□□からの温かく湿った季節風によって多雨，冬は⑰□□からの乾いた季節風によって乾燥する。このため，(b)川は，流量の年変化が⑱□□い。	季節風の影響があまり大きくなく，⑲□□した気候。このため，(a)川は，流量の年変化が⑳□□い。

⑮＿＿＿＿＿＿＿

⑯＿＿＿＿＿＿＿

⑰＿＿＿＿＿＿＿

⑱＿＿＿＿＿＿＿

⑲＿＿＿＿＿＿＿

⑳＿＿＿＿＿＿＿

memo

①
②
③
④
⑤
⑥
⑦

memo

② ヒンドゥー教と深くかかわる生活文化

南アジアの特色

昔から他地域との交流が盛んだった ⇒ 多民族・多言語

宗教の発祥と伝来

　発祥：①□□□□□教，②□教，③□□教

　伝来：④□□□□□，⑤□□□□教

インドの言語と宗教

　言語：連邦公用語の⑥□□□□□語のほか，多くの公用語が存在

　　　：イギリスによる植民地支配で広がった⑦□□も広く用いられる

　宗教：①教徒が多数を占めるが，④教徒や⑤教徒も多く居住

Check & Work

❶左図において，イギリスの保護下にあったヒンドゥー・シク系とイスラーム系の藩王国の領域を異なる色で塗りわけてみよう。

❷図と教科書の内容を読み取ってまとめた右の文章が正しい場合は〇を誤っている場合は×を［　］に記入しよう。

［　］インドとパキスタンは，多数派宗教の違いによって分離して独立した。

［　］当時の藩王国の分布と現在のインドにおける宗教分布は，北部と東部を除いて一致している。

［　］インドでは，全ての州でヒンドゥー教徒が多数派を占めている。

［　］インドでは，パキスタンとバングラデシュに近い州ほどイスラーム教徒の数が多くなる傾向が見られる。

［　］南アジアの国々が独立するとき，住民の宗教分布に沿って国境を設けたため，宗教の違いによる人口移動や難民の発生は見られなかった。

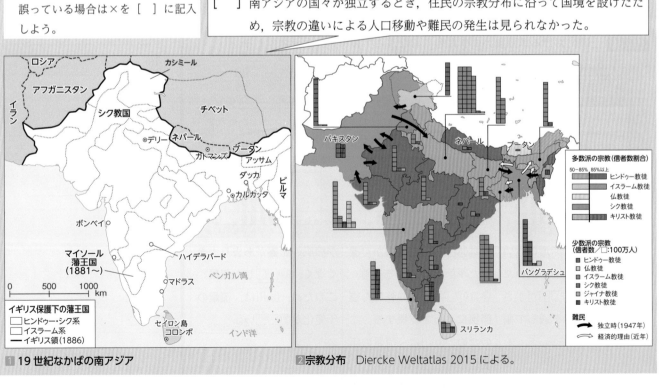

1 19世紀なかばの南アジア　　**2** 宗教分布　Diercke Weltatlas 2015 による。

ヒンドゥー教と人々の生活

罪とけがれの意識

　：河川で⑧□□する習慣

　：とくに⑨□□□□川そのもの

　　が信仰の対象となる

　：肉食を嫌い，⑩□□主義を貫

　　く人も多い

❷⑨□□□□川の⑧□□　いまも多くのヒン
ドゥー教徒が，罪や汚れを清める⑧□□のた
め聖なる⑨□□□□川を訪れる。

信仰の対象としての牛

　：神々の乗り物とされるため，

　　牛肉を食べることは禁忌

　：牛がもたらす⑪□□□□はたん

　　ぱく源，糞尿は⑫□□，燃料

　　として活用される

身分制度

⑬□□□□制度

　：身分制と世襲的職業集団が密接に関係する社会のあり方

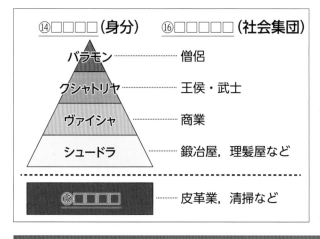

⑭□□□□（身分）　　⑯□□□□□（社会集団）

バラモン ……… 僧侶

クシャトリヤ ……… 王侯・武士

ヴァイシャ ……… 商業

シュードラ ……… 鍛冶屋，理髪屋など

⑮□□□□ ……… 皮革業，清掃など

人々を⑭□□□□とよばれる
4つの身分と⑮□□□□とよ
ばれる不可触民に分ける社会
風習が根強く存在。

職業は基本的に世襲であり，
⑯□□□□□とよばれるそれ
ぞれの職業集団が，それぞれ
の⑭に対応している。

⑧ _____

⑨ _____

⑩ _____

⑪ _____

⑫ _____

⑬ _____

⑭ _____

⑮ _____

⑯ _____

memo

_____

_____

_____

_____

_____

_____

_____

_____

_____

_____

_____

_____

_____

_____

_____

_____

Try	カースト制度が人々の生活文化に及ぼす影響について考え，自分の言葉でまとめてみよう。

③ 産業の発展と宗教とのかかわり

Check & Work

❶小麦と稲作の耕地をそれぞれ異なる色で塗りわけてみよう。

❷綿花の生産地に〇を，茶の生産地に▽を，ジュートの生産地に◇をそれぞれ描き込んでみよう。

❸教科書巻頭⑦を見ながら，1月の主な風向きを青の矢印（2本）で，7月の主な風向きを赤の矢印（2本）でそれぞれ描き足してみよう。

❹空欄に当てはまる適切な語句を記入し，図の説明文を完成させよう。

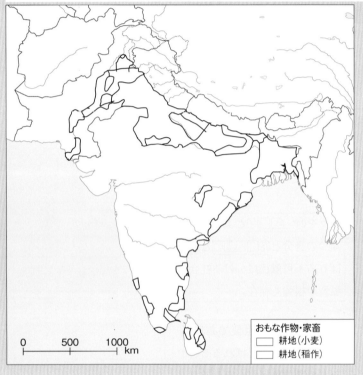

0　500　1000 km

おもな作物・家畜
☐ 耕地（小麦）
☐ 耕地（稲作）

東	ガンジス川流域（ヒンドスタン平原），インド半島東岸
	夏の①□□□□□の影響を受け，多雨。夏の暑さをいかし，主に②□を栽培。バングラデシュを中心としたガンジス川下流では，③□□□□を栽培。
西	インダス川上中流（パンジャーブ地方）
	冬に冷涼で乾燥した地域。灌漑を整備し，主に④□□を栽培。
北	ヒマラヤ山脈南のふもと（アッサム地方，ダージリン地方）
	夏の①の影響を受け，世界的な多雨地域。水はけのよさを利用して，世界的な⑤□の生産地。
中央	デカン高原
	高原上の地形で冷涼乾燥。主に⑥□□を生産。

インドにおける農業の発展と課題

①＿＿＿＿＿＿＿＿＿＿

②＿＿＿＿＿＿＿＿＿＿

③＿＿＿＿＿＿＿＿＿＿

④＿＿＿＿＿＿＿＿＿＿

⑤＿＿＿＿＿＿＿＿＿＿

⑥＿＿＿＿＿＿＿＿＿＿

⑦＿＿＿＿＿＿＿＿＿＿

⑧＿＿＿＿＿＿＿＿＿＿

⑨＿＿＿＿＿＿＿＿＿＿

1966 年～	食料不足に対応するため，農業の近代化を推進
1970 年代～	⑦□□□□　⇒小麦や米の生産増
	⑧□□□□　⇒生乳の生産増

課題

　水不足問題（灌漑設備の整備による地下水利用率の上昇 ⇒ 地下水位の低下）

　所得格差の拡大（農業の近代化で増加した諸費用を負担できる農民とできない農民）

　　⇒農村の貧困問題は⑨□□□□制の差別性とも結びつく

インドの工業とICT産業の発展

独立から1990年代まで

政府主導の重化学工業化（輸入代替型工業化）

豊富な⑩□□と⑪□□□を利用した鉄鋼業や機械工業

⇔規制が多く，非効率

とくに，⑭□□□や⑮□□□など，日本を中心とした外国資本による輸送用機械の生産が盛んとなる。

1990年代以降

経済の⑫□□化や規制⑬□□

⇒外国資本を導入

⇒急速な経済成長

⑯□□□□□に関係した産業の急速な発展

⇒コンピュータの⑰□□□□□開発がインドの主要産業に

⇒⑨にとらわれない優秀な人材が多く雇用されるようになった

⑩ _____
⑪ _____
⑫ _____
⑬ _____
⑭ _____
⑮ _____
⑯ _____
⑰ _____

memo
_____
_____
_____

■ ⑯産業が発展した要因についてまとめた次の文章が正しい場合は○を，誤っている場合は×を［　］に記入しよう。

［　］イギリス植民地時代の影響で英語を使える人材が豊富であったため

［　］理数教育が充実しており，優れた技術者を輩出する土壌があったため

［　］国土が広く，⑰を輸出するため大規模なインフラを整備するのが容易だったため

［　］欧米との時差を利用し，24時間体制での⑰開発が可能だったため

■ インドの産業発展についてまとめた次の文章が正しい場合は○を，誤っている場合は×を［　］に記入しよう。

［　］イギリス植民地支配によって，綿花の輸出国から綿製品の輸出国に発展した。

［　］1961年に比べて，2020年の生産量は，小麦で10倍，米で3倍に達している。

［　］2010年の牛乳の生産量は，1961年と比べて，7倍に達している。

［　］2020年のインドの輸出額は，1995年の8倍を超えている。

［　］1995年と2020年のインドの輸出品目を比べると，石油製品や機械類の割合が増加したことから，インドの工業が高度化したといえる。

2 インドにおける主な農産物の生産量の推移

4 インドの輸出品目

1995年 317億ドル：ダイヤモンド14.5　魚介類3.2　有機化合物2.3　米4.3　繊維品13.8　衣類13.0　その他33.9　機械類（※）7.5　鉄鋼3.2　医薬品2.3　植物性油かす2.1

2020年 2,755億ドル：機械類（※）11.8　繊維品5.5　有機化合物5.8　鉄鋼4.6　医薬品1.1　その他46.8　石油製品9.7　衣類4.7　ダイヤモンド5.5　自動車4.5

（※）船舶・自動車・航空機を除く

4 宗教・社会の課題と変化

南アジアの諸課題

経済成長と社会変動

：南アジアの経済は成長している

：成長の恩恵が平等に分配されていない

　↳ 1日2.15ドル未満の収入で生活して
　　いる人々（①□□□□□□）が多い

⇒南アジアは右の図の②□（英字）に該当

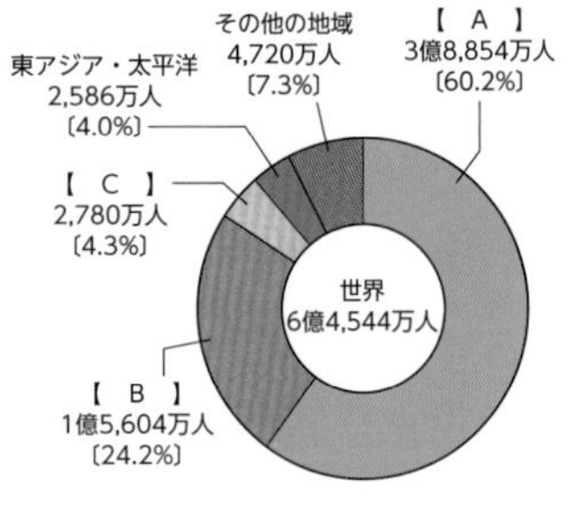

その他の地域
4,720万人
〔7.3%〕

東アジア・太平洋
2,586万人
〔4.0%〕

【 A 】
3億8,854万人
〔60.2%〕

【 C 】
2,780万人
〔4.3%〕

世界
6億4,544万人

【 B 】
1億5,604万人
〔24.2%〕

1 1日2.15ドル未満で生活する人々

社会制度の未確立

：小学校を中心とした③□□□□が，広く行き届いていない地域がある

：教育，医療や福祉サービスといった社会的な④□□□□の整備が不十分

人口分布の不均衡

：⑤□□から，経済成長によって雇用が増えた⑥□□に人口が移動

都市の課題	農村の課題
都市では，道路や上下水道をはじめとする都市の④整備が人口増加に追い付いておらず，住環境の悪化や交通渋滞などの⑦□□□□が深刻化している。	農村では，働き手が減少する⑧□□□の進行が大きな課題となっている。また，経済のグローバル化にともなって豊かな⑨□□国などへ⑩□□□に行く若者が増加した地域もある。

① _____
② _____
③ _____
④ _____
⑤ _____
⑥ _____
⑦ _____
⑧ _____
⑨ _____
⑩ _____

memo

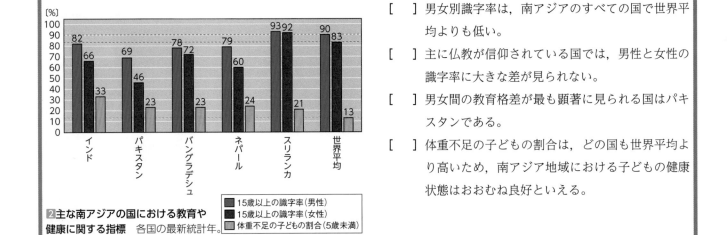

Check 下図を読み取った内容をまとめた次の文章が正しい場合は○を，誤っている場合は×を [ ] に記入しよう。

[ ] 男女別識字率は，南アジアのすべての国で世界平均よりも低い。

[ ] 主に仏教が信仰されている国では，男性と女性の識字率に大きな差が見られない。

[ ] 男女間の教育格差が最も顕著に見られる国はパキスタンである。

[ ] 体重不足の子どもの割合は，どの国も世界平均より高いため，南アジア地域における子どもの健康状態はおおむね良好といえる。

2 主な南アジアの国における教育や健康に関する指標 各国の最新統計年。

■ 15歳以上の識字率（男性）
■ 15歳以上の識字率（女性）
■ 体重不足の子どもの割合（5歳未満）

インドの諸課題

1990 年代以降

経済成長により全体的な生活水準は向上

しかし…

⇒産業立地や道路や橋などの④整備などで，⑪□□間の格差が大きい

⇒人々の⑫□□格差も大きい

宗教的な課題

⇒⑬□□□□を背景に社会的地位が固定される傾向が強い

⇒人口の 80％を占める⑭□□□□□教徒と，人口の 15％を占める⑮□□□□□教徒の
イギリス統治時代からの対立が解消されていない

グローバル化にともなう変化

バングラデシュ	インド	ネパール
安価で豊富な⑯□□□□を背景に，労働集約型工業の製造拠点が多数立地。とくに，⑰□□工業の製造拠点が多い。繊維品（洋服など）の製造，流通，販売といった⑱□□□□□のサプライチェーンに組み入れられたことで人々の所得水準が向上し，中間層も増加した。しかしその一方で，低賃金，長時間労働などの劣悪な労働環境が国際的な問題となっている。	ソフトウェア開発など，情報通信技術の進展を背景とした産業が立地。新しい産業では，⑬にとらわれることなく，優秀な人材が雇用され，社会の流動性が高まる。優秀な技術者が，より良い待遇を求めて先進国（⑲□□□□□□□など）に移動する⑳□□□□が課題。㉑□□とよばれる在外インド人のネットワークが，世界各地に存在。	経済のグローバル化にともなって，海外への㉒□□□を奨励する政策をとっている。多くの若者が海外で短期間の仕事に就き，彼らの㉓□□が重要な外貨獲得手段となっている。若者を中心とした働き手が海外に出てしまうことが多いため，農村の人口減少にともなう⑧や都市部における少子高齢化が問題となっている。

⑪ _____

⑫ _____

⑬ _____

⑭ _____

⑮ _____

⑯ _____

⑰ _____

⑱ _____

⑲ _____

⑳ _____

㉑ _____

㉒ _____

㉓ _____

memo

Try 宗教的な慣習から生じる課題とその解決策について考え，自分の言葉でまとめてみよう。

① ＿＿＿＿＿＿
② ＿＿＿＿＿＿
③ ＿＿＿＿＿＿
④ ＿＿＿＿＿＿
⑤ ＿＿＿＿＿＿
⑥ ＿＿＿＿＿＿

memo

1 歴史と自然環境

一神教の発祥地

紀元前11世紀	ヘブライ人が現在の①□□□□□で建国
	⇒民族宗教である②□□□教の成立
1世紀はじめ	イエス・キリストの弟子たちを中心に③□□□□教が成立
	（ローマ帝国支配下の①で，②教の考え方や戒律主義を批判）
7世紀	預言者④□□□□□が⑤□□□□□を広めた
	（隊商貿易で繁栄したオアシス都市⑥□□□とメディナがその中心）

文明の十字路

次の文章が正しい場合は〇を，誤っている場合は×を [　] に記入しよう。

[　] シルクロードはオアシスを結ぶようにつくられた。

[　] シルクロードでは，隊商がラクダなどを用い，キャラバンを編成して移動した。

[　] シルクロードを通じて，中国からは貴金属や製紙法などがヨーロッパに伝わった。

[　] シルクロードを通じて，ローマからは絹織物などが東方へもたらされた。

[　] 海の道とは，中国からインド洋，紅海を経てヨーロッパに至る海の交易路である。

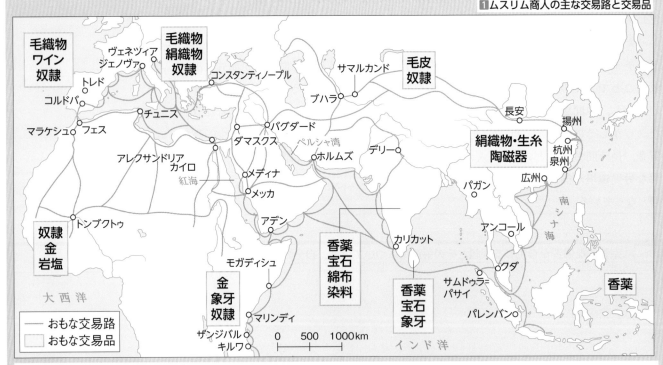

1 ムスリム商人の主な交易路と交易品

Work

❶地図上の広州，長安，カリカット，バグダード，メディナ，ジェノヴァ，マラケシュの位置を示す〇を好きな色で塗りつぶそう。

❷長安からバグダードを経由して北アフリカのマラケシュにいたる交易路を自由になぞってみよう（経路は問わない）。

❸広州からカリカット，メディナを経由してヨーロッパのジェノヴァにいたる交易路を自由になぞってみよう（経路は問わない）。

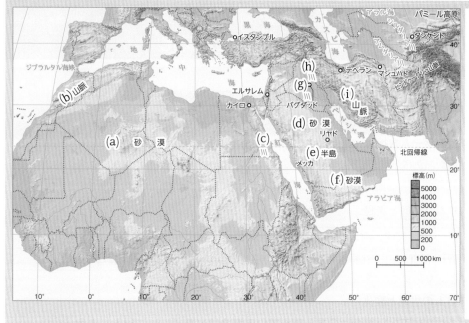

Work

❶北緯20度と30度の線をなぞろう。

❷教科書巻頭⑥を見ながら，砂漠気候の分布域を**赤線**で囲んでみよう。

❸地図上のa～iに対応する自然地名を線で結ぼう。

a・	・ザグロス
b・	・ティグリス
c・	・アトラス
d・	・サハラ
e・	・ネフド
f・	・ルブアルハリ
g・	・ユーフラテス
h・	・ナイル
i・	・アラビア

広大な乾燥地

人口集中地域

　：乾燥地域を流れる⑦□□□□流域および地下水が豊富な地域

　：地下水を引く⑧□□□□などを基軸とした灌漑システムが整備　⇒　灌漑農業

水に恵まれない地域

　：⑨□□□□□と呼ばれる人々が⑩□□□□を拠点に⑪□□をおこなってきた

⑦ _____

⑧ _____

⑨ _____

⑩ _____

⑪ _____

memo

_____

_____

_____

■■**次の文章が正しい場合は〇を，誤っている場合は×を〔　〕に記入しよう。**

〔　〕トルコ南部やシリア，レバノン，イスラエル／パレスチナ，北アフリカなどの
　　　地中海沿岸は，夏に一定の降雨がある一方，冬は乾燥する地中海性気候にあたる。

〔　〕地中海沿岸では，乾燥に強いオリーブやブドウ，柑橘類などが栽培されている。

〔　〕地中海沿岸における保養地の開発は遅れているが，豊富な労働力・資源を活用し，
　　　急速に工業化が進展している。

バンコク　Aw

年平均気温　28.9℃

年降水量　1653.1mm

Check & Work

❶タイの首都バンコクの雨温図の上にマシュハドの雨温図を重ねて描いてみよう。

❷教科書p.36，p.59と重ねた図を読み取った内容をまとめた次の文章が正しい場合は〇を，誤っている場合は×を〔　〕に記入しよう。

〔　〕気温の年較差は，バンコクよりもマシュハドの方が小さい。

〔　〕冬の時期（12月～2月）における降水量はマシュハドの方が多い。

〔　〕バンコクは夏の時期にモンスーンの影響を受けるため雨が多くなっている。一方，マシュハドは夏の時期に亜熱帯高圧帯の影響を受けるため，冬の時期と比べると夏の時期の降水量が少ない。

② イスラームと深くかかわる生活文化

① _____
② _____
③ _____
④ _____
⑤ _____
⑥ _____
⑦ _____
⑧ _____
⑨ _____

イスラーム

- ：唯一絶対の神①□□□□とその使徒②□□□□□を信仰
- ：イスラームとは，啓典『③□□□□□』の教えにしたがって生きること
- ：イスラーム教徒は④□□□□とよばれる（女性の教徒は⑤□□□□）
- ：多数派の⑥□□□□と少数派の⑦□□□□に分けられる

ムスリムの信仰と義務

⑧□□	①，天使，啓典，預言者，終末と来世，運命の六つを信じること。
⑨□□	信仰告白，礼拝，喜捨，断食，巡礼の五つの宗教的義務をおこなうこと。

ムスリムの生活と変化

次の文章が正しい場合は〇を，誤っている場合は×を［ ］に記入しよう。

- ［ 　］ムスリムは1日に1回，カーバ神殿の方向を向いて礼拝する義務がある。
- ［ 　］集団礼拝がおこなわれるのは金曜日である。
- ［ 　］近年のイスラーム世界では，西欧諸国の影響でスカーフを被る女性が減少した。
- ［ 　］西アジアや北アフリカ地域はもちろん，南アジアや東南アジアでも，イスラーム法的に合法な食品が普及している。

Try　宗教の影響を受けた考え方や生活習慣について，ヒンドゥー教と比較しながらまとめてみよう。

（教科書p.71，75などを参考にまとめてみよう）

⑩ _____
⑪ _____
⑫ _____
⑬ _____
⑭ _____
⑮ _____
⑯ _____
⑰ _____
⑱ _____
⑲ _____

ヒンドゥー教	イスラーム
⑩□□宗教の1つ。⑪□□□□を崇拝するバラモン教と民間信仰が融合して成立。ヒンドゥー教徒の生活はその教義に強い影響を受けたものが多く，河川の崇拝もその一例である。　さらに，不殺生の戒律を守って菜食主義を貫く人が多く，とりわけ神聖な動物である⑫□の肉を食べることは禁忌とされている。　また，身分制と世襲的職業集団が密接に関係する社会のあり方（⑬□□□□制度）による差別が根強く残っている。	⑭□□宗教の1つ。④の生活は，③や②の言行録（スンナ）などに基づくイスラーム法（⑮□□□□□）によって定められている。　⑮では，⑯□□□□□類や⑰□肉，死肉の飲食の禁止，さらに⑮にのっとって処理された肉（⑱□□□□肉）以外は食してはならないという食事規定が存在する。また，1年のうちの約1か月間（ラマダーン月）は，子どもや妊娠中の女性，高齢者などを除いて，日の出から日没までの間の飲食を絶つ⑲□□が義務付けられている。

Check & Work

❶隊商貿易で発展したオアシス都市のメッカとメディナの位置を示す〇を目立つ色で塗りつぶしてみよう。

❷メッカとメディナからのびる矢印（イスラーム勢力の進出）をすべてなぞってみよう。

❸教科書 p.70 と左下の4つの図を読み取った内容をまとめた下の文章が正しい場合は〇を，誤っている場合は×を［　］に記入しよう。

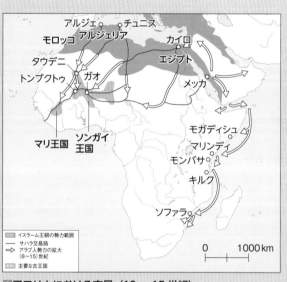

１アフリカにおける交易（13〜15世紀）

凡例:
- イスラーム王朝の勢力範囲
- サハラ交易路
- アラブ人勢力の拡大（8〜15）世紀）
- 主要な古王国

［　］イスラームは7世紀ごろにガンジス川を越えてインドに伝来した。

［　］8世紀以降，イスラーム勢力は北アフリカから徐々に南下し，サハラ砂漠を超えて当時のアフリカで栄えていた諸王国などとも積極的に交易をおこなった。

［　］イスラームの伝来が早かった国や地域ほど，④人口が多い。

［　］キリスト教が多数派を占める国々における④人口は，比較的少ない傾向が見られる。

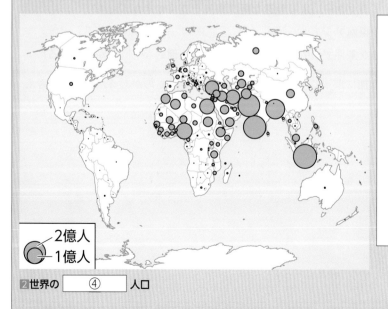

2億人
1億人

２世界の　④　人口

① _____

② _____

③ _____

④ _____

⑤ _____

⑥ _____

⑦ _____

⑧ _____

⑨ _____

memo

....

....

....

....

....

....

....

....

....

③ 産業の発展とイスラーム社会の変化

地下資源

石油：油田の発見と掘削のために莫大な初期費用が必要

⇒採掘から販売まで欧米先進国の大企業（①□□□□）が支配⇒利益の独占

⇒ 1960 年：中東諸国をはじめとする産油国が②□□□□□□□を結成。

⇒ 1970 年代：③□□□□□□□□□の動きが強まり，二度の④□□□□が発生

　　　⇒産油国に巨額のオイルマネー

■ 右の図を読み取った内容をまとめた次の文章が正しい場合は〇を，誤っている場合は×を［　］に記入しよう。

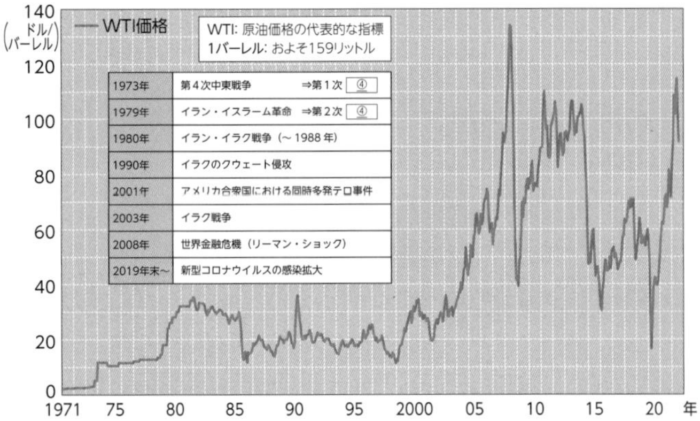

1973年	第4次中東戦争	⇒第1次 ④
1979年	イラン・イスラーム革命	⇒第2次 ④
1980年	イラン・イラク戦争（～ 1988年）	
1990年	イラクのクウェート侵攻	
2001年	アメリカ合衆国における同時多発テロ事件	
2003年	イラク戦争	
2008年	世界金融危機（リーマン・ショック）	
2019年末～	新型コロナウイルスの感染拡大	

WTI: 原油価格の代表的な指標
1バーレル: およそ159リットル

❹原油価格の推移

［　］ 1985 年以降の原油価格は，1985 年以前と比べてその変動幅が細かい。

［　］ 原油価格は，政治的・経済的な問題の発生とあわせて，大きく変動する傾向がある。

［　］ グローバル化が進んだ 1990 年代以降，原油価格は一貫して上昇傾向にある。

産油国の社会

⑤□□労働者：オイルマネーによる急速な経済成長を支えてきた人たち

⇒主に⑥□□□□や東南アジアから流入（⑦□□□やサービス業の担い手）

⇒⑧□□□かつ過酷な条件での労働（⇒国民との間に圧倒的な⑨□□が生まれる）

Try▶ 異なる宗教を信仰する出稼ぎ労働者（移民）の増加によって生じる課題にはどのようなものがあるだろうか。考え，自分の言葉でまとめてみよう。

4 紛争と社会運動

ジハード主義の広がり

①□□□□□：チュニジアでおこった暴動をきっかけに周辺諸国に広がった民主化運動

　⇒多くの国で混乱が発生

　　⇒過激派組織が勢力を拡大

　　　⇒多くの②□□が発生

　　　　⇒周辺諸国やヨーロッパに流出

memo

介入と紛争

■ 次の文章が正しい場合は○を，誤っている場合は×を ［　］ に記入しよう。

［　］オスマン帝国の崩壊を契機に，この地域への西洋列強の進出・介入が進んだ。

［　］第二次世界大戦時のイギリスの外交政策がパレスチナ問題の起源となり，その
　　　後の中東紛争の引き金となった。

［　］植民地支配からの独立後にも，軍事政権や一党独裁体制などの権威主義体制が
　　　生まれ，長期間の支配が続いた。

［　］この地域では，イランによるクウェート侵攻を発端とする湾岸戦争など，多く
　　　の戦争が続いた。

［　］アフガニスタンではソ連の侵攻に抵抗するべく世界中からムスリムの戦士が集
　　　まり，ジハードをおこなった。

イスラーム主義の台頭と社会運動

イスラーム主義運動（1979 年の③□□□・□□□□□革命がきっかけ）

　：病院や学校を建設したり，無償の医療や宗教教育を提供したりする活動も含む

　　⇒こうした活動で大きな影響力をもつようになったイスラーム組織も

　　　⇒イスラーム的な価値観や規範の広がりを後押し

> Try イスラームの生活文化の正しい理解についてまとめた次の文章が正しい場合は
> ○を，誤っている場合は×を ［　］ に記入しよう。

［　］厳しい戒律が見られる一方で，「お互いに助け合う精神」を奨励する強い規範も
　　　存在する。

［　］イスラーム世界では，働かずに儲けたり，他者の労働を搾取したりすることを
　　　忌み嫌う。

［　］クルアーンでは，利子（リバー）が禁止されているが，イスラーム銀行では利
　　　子を取ることは適法である。

①
②
③
④
⑤
⑥
⑦
⑧
⑨
⑩
⑪
⑫
⑬
⑭
⑮
⑯
⑰

Plus Ultra ＞ グループ3のまとめ

世界の宗教

■ 下の地図を見ながら，表を完成させてみよう。

<table>
<tr><td rowspan="1">①□□宗教</td><td>
キリスト教：ヨーロッパや②□米，③□米大陸を中心に信仰
　カトリック：主に④□ヨーロッパの⑤□部で信仰
　プロテスタント：主に④ヨーロッパの⑥□部で信仰
　正教：主に⑦□ヨーロッパで信仰

イスラーム：⑧□□□□を中心に信仰
　スンナ派：⑨□数派
　シーア派：⑩□数派（主に⑪□□□で信仰）

仏教：⑫□□□□や東南アジアの大陸部で信仰
　大乗仏教：中国や⑬□□に伝わった仏教
　上座仏教：⑭□□□□□や東南アジアに広がった仏教
　チベット仏教：チベットや⑮□□□□で信仰される
</td></tr>
<tr><td>⑯□□宗教</td><td>
ヒンドゥー教：⑰□□□で多数派を占める
ユダヤ教　　：イスラエルで多数派を占める
</td></tr>
</table>

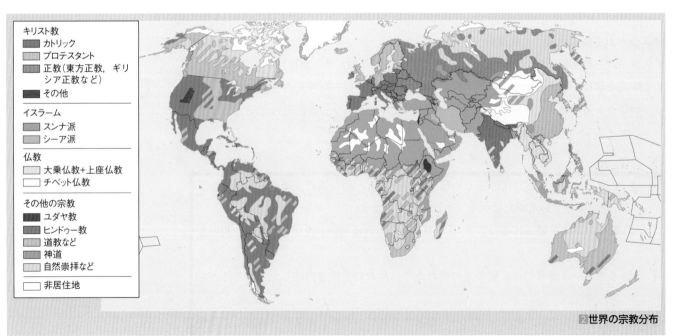

キリスト教
■ カトリック
■ プロテスタント
■ 正教（東方正教，ギリシア正教など）
■ その他

イスラーム
■ スンナ派
■ シーア派

仏教
■ 大乗仏教＋上座仏教
□ チベット仏教

その他の宗教
■ ユダヤ教
■ ヒンドゥー教
■ 道教など
■ 神道
■ 自然崇拝など

□ 非居住地

②世界の宗教分布

Check 左ページの地図と教科書 p.92 の図「世界の言語分布」を比較してまとめた次の文章が正しい場合は○，誤っている場合は×を ［　］に記入しよう。

［　］ カトリックが分布する地域では，主にロマンス諸語が用いられている。

［　］ プロテスタントとゲルマン語派の分布には，関係性がみられない。

［　］ イスラームの分布地域における使用言語は，アラビア語に限定される。

宗教で異なる生活文化と社会

■ **各宗教と対応する生活文化の事例を線で結ぼう（対応するものはすべて結ぼう）。**

キリスト教 ●	イスラーム ●	仏教 ●	ヒンドゥー教 ●
●	●	●	●
職業選択や婚姻などの社会生活が教義に根ざした身分制度によって制約されている	生活の規範を定めたシャリーアが経済や政治などの社会生活に強く影響している	無駄な殺生を戒めており，菜食を中心とした食生活を送る人々がいる。	日曜日は主日（主の復活した日）と呼ばれており，宗教施設で礼拝をおこなう人が多い。

導入
memo

振り返り
memo

① _____

② _____

③ _____

④ _____

⑤ _____

⑥ _____

⑦ _____

memo

_____

_____

_____

_____

_____

_____

_____

_____

1 歴史と自然環境

都市の立地

■ 次の文章が正しい場合は〇を，誤っている場合は×を［　］に記入しよう。

［　］変動帯が広がるヨーロッパ中央部で見られる河川は非常に急流であるため，古くから都市が発展しにくい環境であった。

［　］ヨーロッパ中央部では水運が発達し，河川や運河沿いに都市が発展してきた。

［　］ヨーロッパには，防衛上の要因や交易路との関係から形成され発展した都市も多い。

中世都市の構造と機能

①□□□をもち，防衛のために周囲を②□□で囲んでいた

中心部には③□□，役場，広場を有するものが多かった

　⇒高い自治性，独立性を有した多様な都市が発達した

他都市とのつながり－ハンザ同盟－

ドイツのケルン

　：④□□□□下流域の水陸交通の要衝として発達し，ハンザ同盟都市となった

ハンザ同盟

　：中世後期に⑤□□・□□□□沿岸地域で貿易を独占する特権を有した⑥□□□□□

　：相互に独立性を有するゆるやかな同盟

　　⇒かつてのハンザ同盟都市の多くは現在の⑦□□の域内にある

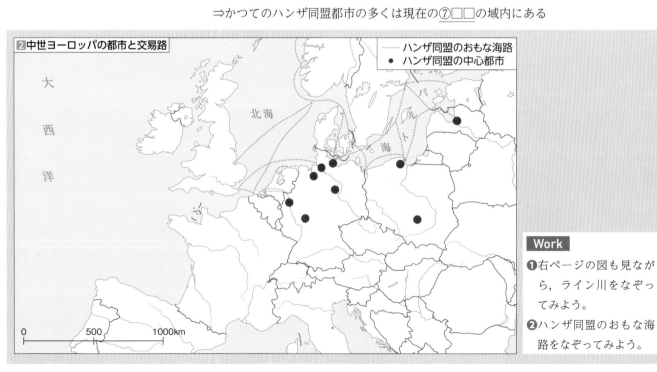

2 中世ヨーロッパの都市と交易路

------- ハンザ同盟のおもな海路
● ハンザ同盟の中心都市

大西洋　　北海　　0　500　1000km

Work

❶右ページの図も見ながら，ライン川をなぞってみよう。

❷ハンザ同盟のおもな海路をなぞってみよう。

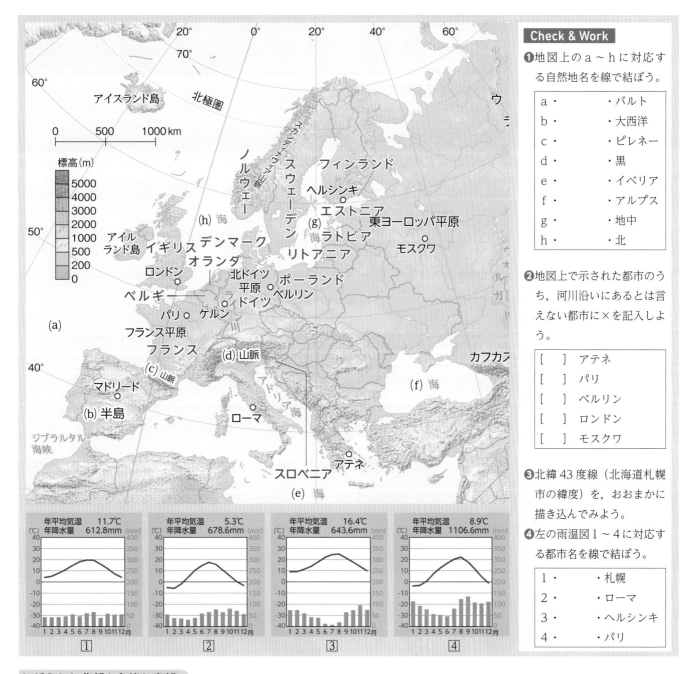

❶地図上のa～hに対応する自然地名を線で結ぼう。

a・	・バルト
b・	・大西洋
c・	・ピレネー
d・	・黒
e・	・イベリア
f・	・アルプス
g・	・地中
h・	・北

❷地図上で示された都市のうち，河川沿いにあるとは言えない都市に×を記入しよう。

[ ]	アテネ
[ ]	パリ
[ ]	ベルリン
[ ]	ロンドン
[ ]	モスクワ

❸北緯43度線（北海道札幌市の緯度）を，おおまかに描き込んでみよう。

❹左の雨温図1～4に対応する都市名を線で結ぼう。

1・	・札幌
2・	・ローマ
3・	・ヘルシンキ
4・	・パリ

なだらかな北部と急峻な南部

北部：⑧□□□□に位置し起伏はなだらか

南部：⑨□□□に位置し，険しい山脈が連なる

高緯度だが温暖な気候

ヨーロッパ北西部

：暖流と⑩□□□の影響で，冬でもそれほど厳しい寒さとはならない

：年間を通じて湿潤な⑪□□□□□気候

(e)海沿岸など

：夏の乾燥と高温，冬の降雨を特徴とする⑫□□□□気候

⑧_____

⑨_____

⑩_____

⑪_____

⑫_____

① _____

② _____

③ _____

④ _____

⑤ _____

⑥ _____

⑦ _____

⑧ _____

memo

② 地域の統合の深化・拡大

ヨーロッパの多様性

言語：インド＝ヨーロッパ語族

①□□□□語派	②□□□□諸語	③□□□語派
英語	イタリア語	チェコ語
④□□□語 など	⑤□□□□語 など	ポーランド語 など

宗教：キリスト教

⑥□□□□□□□	⑦□□□□□	東方⑧□□
イギリスや北欧	イタリアやスペイン	ブルガリアなどの東ヨー
④北部 など	⑤など	ロッパやバルカン半島

■ 次の文章が正しい場合は○を，誤っている場合は×を ［　］に記入しよう。

［　］ ヨーロッパの南東部では，イスラームが多数を占めている国がある。

［　］ スカンディナヴィア半島では，西アジアのイスラーム圏との交流が深かった。

［　］ ヨーロッパ東部では移民・難民の受け入れによりイスラームが流入した。

［　］ フィンランド語などはインド＝ヨーロッパ語族に含まれない言語である。

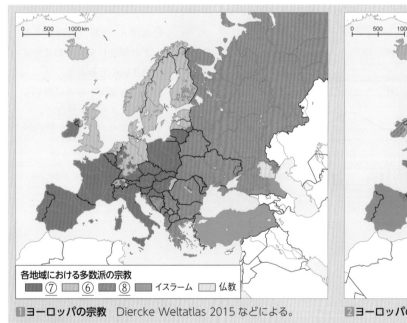

各地域における多数派の宗教
■⑦　■⑥　■⑧　■イスラーム　□仏教

■ヨーロッパの宗教　Diercke Weltatlas 2015 などによる。

インド＝ヨーロッパ語族
■②□諸語　■ケルト語派
■①□語派　■バルト語派
■③□語派　■その他

②ヨーロッパの言語

Check

❶図の内容を読み取ってまとめた文章が正しい場合は○を誤っている場合は×を ［　］に記入しよう。

［　］ ①語派と⑥，③語派と⑧の分布範囲はおおむね一致している。

［　］ ②諸語と⑦の分布範囲は西欧・南欧ではおおむね一致しているが，中欧・東欧では一致しているとは言えない。

ヨーロッパ統合への歩み

1952	ECSC 発足
1958	EEC, EURATOM(欧州原子力共同体) 発足
⑨	ECSC・EEC・EURATOM 統合, ⑩ 発足
1973	イギリス・アイルランド・デンマーク, ⑩ 加盟
1979	欧州通貨制度発足
1981	ギリシア, ⑩ 加盟
1986	スペイン・ポルトガル, ⑩ 加盟
1992	⑩ 市場統合達成
⑪	⑫ 条約発効, EU 発足
1995	フィンランド・スウェーデン・オーストリア, EU 加盟
⑬	⑭ 導入 (⑮ 年流通)
2004	中東欧・地中海の10か国, EU 加盟
2007	ルーマニア・ブルガリア, EU加盟
2009	⑯ 条約発効
2013	クロアチア, EU 加盟
2016	イギリスでEU離脱に関する国民投票を実施, 離脱意思が過半数
2020	イギリス, EU 離脱

3 ヨーロッパ統合のあゆみ

4 EU 加盟国

凡例：EU加盟国／2004年加盟国／2007年加盟国／2013年加盟国／加盟候補国(2023年1月現在)

Work

❶ 2004 年の加盟国を好きな色で塗ってみよう。

❷ 2007 年と 2013 年の加盟国を❶とは異なる色で塗ってみよう。

❸ 加盟候補国を❶❷とは異なる色で塗ってみよう。

❹ 下の語群から適切な語句を選び，年表を完成させよう。

語群
1965, 1967, 1970, 1993, 1994, 1999, 2000, 2002, EC, AU, EURO, ESC, リスボン, ユーロ, パリ, 共通関税, マーストリヒト

経済的・政治的統合の推進

■ 次の文章が正しい場合は〇を，誤っている場合は×を ［ ］ に記入しよう。

［　］市場統合をめざして人・モノ・資本・サービスの移動が自由化され，シェンゲン協定域内では出入国管理が廃止された。

［　］人々は国境をこえて買い物をするようになり，通勤する動きも活発化している。

［　］ローマ条約により，大統領や外務大臣に相当する役職が設置された。

Try▶ 地域の統合の進展が人々の暮らしにもたらす変化について考え，自分の言葉でまとめてみよう。

⑨ _____

⑩ _____

⑪ _____

⑫ _____

⑬ _____

⑭ _____

⑮ _____

⑯ _____

memo

③ 地域の統合と多文化共生

地域間格差の拡大

経済水準が…
□ 加盟国平均値を上回っている国
□ 50以上100未満の国
□ 50未満の国

■1 EU加盟国における1人あたりGNI　2021年。加盟国平均値＝100。

■ **次の文章が正しい場合は〇を，誤っている場合は×を［　］に記入しよう。**

［　］西ヨーロッパの企業が安価な労働力や工業用地などを求めて東ヨーロッパに生産拠点を移転する動きがあった。

［　］東ヨーロッパ諸国では，生産拠点の移転により，失業率悪化や産業の空洞化が生じた。

［　］東ヨーロッパ諸国からはより高い賃金を求めて西ヨーロッパ諸国へ労働者の移動が増加した。

［　］EU域内で東西の格差は顕在化したが，大都市と農村部の格差はあまり見られない。

4 EU 加盟国・ユーロ導入国

凡例:
- ■ EU加盟国
- □ 2004年加盟国
- ▨ 2013年加盟国
- ▨ ユーロ導入20か国
- ▨ 2007年加盟国
- ■ 加盟候補国（2023年1月現在）

Check & Work

❶経済水準が「加盟国平均値を上回っている国」「50以上100未満の国」「50未満の国」をそれぞれ好きな色で塗り分けてみよう（左ページの図）。

❷2つの図を読み取ってまとめた次の文章が正しい場合は〇を誤っている場合は×を［　］に記入しよう。

［　］2004年以前に加盟した国の経済水準は，いずれも加盟国平均値を上回っている。

［　］加盟年の遅さと経済水準の低さとの間に関連性はない。

［　］経済水準が「加盟国平均値を上回っている国」はすべてユーロを導入している。

［　］2007年以降に加盟した国は，いずれもユーロを導入していない。

移民・難民問題／多文化共生に向けて

第二次世界大戦後の高度経済成長期

　　⇒多くの外国人労働者（移民）を受け入れてきた

　　【背景】労働力の不足を補うため

　　【影響】移民の生活様式，文化，宗教などが流入

　　　　⇒移民と受入国の住民との間で摩擦が発生

2010年以降

　　政情不安によりアフリカや中東からヨーロッパへの難民・移民が急増

　　⇒2015年に④□□□□・□□危機をまねいた

　　　⇒多くの国で反移民や反EUなどを掲げた政党が台頭（⑤□□□□の高まり）

　　　⇔一方，多様な文化や慣習，価値観を包含した新たなヨーロッパの枠組みを模索しようとする⑥□□□□□の試みも進められている

旧西ドイツは主に①□□□□や②□□□から，③□□□□□は旧植民地の北アフリカ諸国から多く受け入れた。

memo

①＿＿＿＿＿＿＿＿

②＿＿＿＿＿＿＿＿

③＿＿＿＿＿＿＿＿

④＿＿＿＿＿＿＿＿

⑤＿＿＿＿＿＿＿＿

⑥＿＿＿＿＿＿＿＿

④ 地域の統合と農業

ヨーロッパ農業の多様性

アルプス以北の平野部	食用作物や飼料作物と家畜を組み合わせた①□□□□。
冷涼地，やせた土壌の地域	穀物栽培に適しておらず，②□□が発達。
アルプス山脈の山岳地	季節と標高差を利用した③□□が見られる。
都市近郊	オランダの花卉栽培などの④□□□□。
地中海沿岸地域	夏に柑橘類などを栽培し，冬に小麦を栽培する ⑤□□□□□□が発達。

EU の共通農業政策とその課題

⑥□□□□□：域内の農業を保護するために農業市場を統一し，主要農産物に統一価格
を設定して買い支え，域外からの輸入農産物に⑦□□をかける政策

⟶ ⑧□□□□的な政策だったため，過剰な生産を招き，EU の財政負担が増大

1990 年代～

　⑥の改革：統一価格や⑦の引き下げ

　　　　：⑨□□□の直接支給（⇒農家）

　　　　：生産調整や休耕，環境に配慮した⑩□□□□などの進展

　　　　：農村の生活や文化を支える農村振興（集落整備など）

日本とのかかわりとその課題

■次の文章が正しい場合は〇を，誤っている場合は×を［　］に記入しよう。

［　］日本の農業を守るため，チーズやワインなどへの関税化が実施された。

［　］ヨーロッパ向けの和牛など，日本の農産物の輸出拡大が期待されている。

［　］地理的表示（GI）商品を確定し，相互に保護していくこととなった。

Try 日本と EU の経済連携が人々の生活文化に及ぼす影響について考え，自分の言葉でまとめてみよう。

①
②
③
④
⑤
⑥
⑦
⑧
⑨
⑩

memo

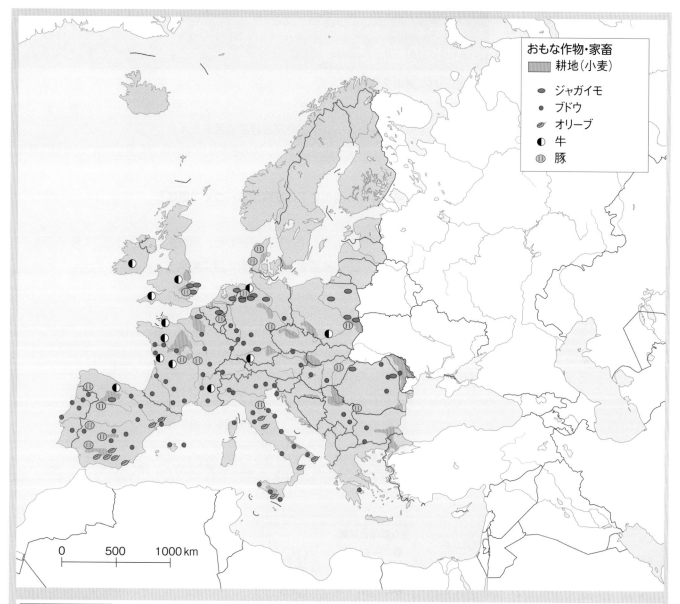

おもな作物・家畜

▨	耕地（小麦）
◖	ジャガイモ
●	ブドウ
⌀	オリーブ
◑	牛
⊕	豚

0　　　500　　　1000 km

Check & Work

❶ドイツ，フランスの国境線をなぞってみよう。

❷ドイツ，フランスで見られる農業形態を，左ページで穴埋めした答え（①〜⑤）から1つ選んでみよう。⇒〔　　〕

❸教科書巻頭⑥を見ながら，「地中海性気候」と「亜寒帯湿潤気候」のおおまかな分布範囲を太線(黒)で示してみよう(アフリカや中東，中央アジア諸国は除く)。

❹気候と農作物との関係をまとめた次の文章が正しい場合は○を誤っている場合は×を〔　〕に記入しよう。

〔　　〕ブドウの栽培は，地中海性気候に集中している。

〔　　〕亜寒帯湿潤気候が広がる地域では，基本的にブドウは栽培されていない。

〔　　〕オリーブの栽培は，地中海性気候に集中している。

〔　　〕地中海性気候が広がる地域における豚の飼育は，西岸海洋性気候が広がる地域よりも盛んである。

⑤ 地域の統合と工業

ヨーロッパ工業の多様性

重工業の①□□□□

　：第二次世界大戦後のヨーロッパの高度経済成長を支えた

　：ドイツの②□□□・□□□□□，フランスの北フランス炭田，③□□□□□□を結ぶ地域

■ 次の文章の空欄に適する語句を下の語群から一つずつ選ぼう。

1960 年代以降

　：④□□から⑤□□へのエネルギー転換が進むと，臨海部に⑥□□□□工業が立地

　：自動車産業や⑦□□□□産業などが大都市近郊に集積

「⑧□□□□□□」

　：イギリス南部からライン川流域を経てイタリア北部に至る地域

　　⇒現在のヨーロッパの経済的中心

「ヨーロッパのサンベルト」

　：イタリア北部からフランス南部，スペインの地中海沿岸にかけての地域

　　⇒⑨□□□産業や⑩□□□□□□□産業などが集積

【語群：石油，原子力，石炭，天然ガス，先端技術，エレクトロニクス
　　　　石油化学，精密機械工業，船舶，航空機，ブルーバナナ】

① _____
② _____
③ _____
④ _____
⑤ _____
⑥ _____
⑦ _____
⑧ _____
⑨ _____
⑩ _____

memo

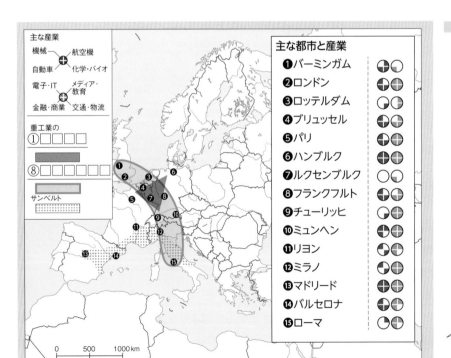

主な産業

機械　●――○航空機
自動車　●――○化学・バイオ
電子・IT　●――○メディア・教育
金融・商業　●――○交通・物流

重工業の
①□□□□

⑧□□□□□□

サンベルト

主な都市と産業

❶バーミンガム
❷ロンドン
❸ロッテルダム
❹ブリュッセル
❺パリ
❻ハンブルク
❼ルクセンブルク
❽フランクフルト
❾チューリッヒ
❿ミュンヘン
⓫リヨン
⓬ミラノ
⓭マドリード
⓮バルセロナ
⓯ローマ

0　500　1000 km

■ 左図を読み取ってまとめた次の文章が正しい場合は〇を，誤っている場合は×を [ ] に記入しよう。

[　] サンベルト上の都市に共通する主要産業は，電子・IT と教育メディアのみである。

[　] ①上の都市は，いずれも機械産業と自動車産業が盛んである。

[　] ⑧上の都市のうち，イギリスとイタリアの都市はいずれも金融・商業が盛んである。

[　] 凡例で示された 8 つの産業がすべて盛んな都市は，首都である。

EU 域内での国際分業

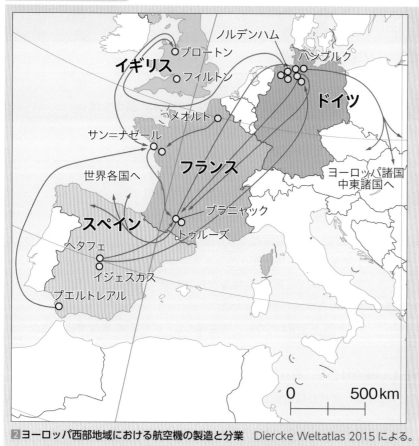

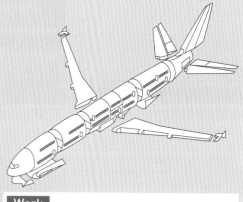

②ヨーロッパ西部地域における航空機の製造と分業 Diercke Weltatlas 2015 による。

地図中のラベル：
ノルデンハム／ブロートン／フィルトン／ハンブルク／イギリス／ドイツ／メオルト／サン＝ナゼール／フランス／ヨーロッパ諸国 中東諸国へ／世界各国へ／スペイン／ブラニャック／トゥールーズ／ヘタフェ／イジェスカス／プエルトレアル／0 500km

Work

❶分業をおこなっている4か国の配色にしたがって，上の飛行機のパーツを塗り分けてみよう。

❷左図を読み取ってまとめた次の文章が正しい場合は〇を，誤っている場合は×を [ ] に記入しよう。

[ ] 航空機の最終的な組み立ては，基本的にフランスとドイツの都市が担当しているといえる。

■ 次の文章が正しい場合は〇を，誤っている場合は×を [ ] に記入しよう。

[ ] 東ヨーロッパでは社会主義時代に重工業は発達しなかった。

[ ] 安価な人件費や比較的高い教育水準を背景に，ヨーロッパ企業による東ヨーロッパへの生産拠点の移転が進んだ。

[ ] アメリカ合衆国や日本などの企業が EU の巨大市場を求め，製造業や通信関連分野でポーランドやハンガリーなどに進出している。

memo

Try 持続可能な社会を構築するために必要な取り組みについてまとめた次の文章の空欄を埋めよう。

　工業化の進んだヨーロッパでは⑪□□□などの環境問題が悪化し，その対応が課題となってきた。ドイツでは，廃棄物の⑫□□□□□，⑬□□□□エネルギーの推進，⑭□□□□□□□□の普及などを通じて，人々の生活行動も環境への負荷を緩和する方向へ向かっている。

⑪ _____

⑫ _____

⑬ _____

⑭ _____

1 歴史と自然環境

ロシアの領土拡大／ソ連の成立と解体

10 世紀末	ヨーロッパから①□□□系の民族が入植
	⇒②□□□□教を取り入れ，ロシア国家の基礎を作る
16 世紀	ウラル山脈をこえて③□□□□へ進出
17 世紀	④□□□□海沿岸を獲得
18 世紀～	⑤□□政策の推進【背景】⑥□□□の獲得
	18 世紀初頭：⑦□□北岸の制海権を獲得
	18 世紀末　：⑧□□□□半島の獲得
	19 世紀　：黒海とカスピ海に挟まれた⑨□□□□地方を獲得。
20 世紀はじめ	ロシア革命により⑩□□□□□□□□□□□□□が誕生
	⇒最終的に⑪□□の共和国からなる連邦国家へ
第二次世界大戦後	アメリカ合衆国と並ぶ超大国に
	⇒⑫□□□□体制のもと国主導の⑬□□□□や軍備増強が進む

■ 次の文章が正しい場合は○を，誤っている場合は×を ［　］ に記入しよう。

［　］ ソ連では，1950 年代には計画経済の弊害や軍事費の増大による経済発展の鈍化
　　　が目立ちはじめた。

［　］ 1980 年代なかば，ソ連共産党書記長のスターリンにより改革が進められた。

［　］ ゴルバチョフは，ペレストロイカとグラスノスチ（情報公開）を進めた。

資本主義経済への移行

■ 次の文章の空欄に適する語句を下の語群から一つずつ選ぼう。

ソ連解体後

：⑭□□□□から⑮□□□□へ急激な体制転換

　【背景】経済の立て直し

　【影響】社会に大きな摩擦と混乱を生み，経済が停滞

⑯□□□□年代後半～

：天然資源の開発が大規模に進み，世界的な⑰□□高を背景に経済は急激に回復

：2000 年に就任した⑱□□□□大統領の政策のもと，⑲□□□□□を推進

【語群：エリツィン，プーチン，レーニン，石炭，石油，原油，社会主義，資本主義，
　　　　1980，1990，中央集権化，地方分権化】

① _____
② _____
③ _____
④ _____
⑤ _____
⑥ _____
⑦ _____
⑧ _____
⑨ _____
⑩ _____
⑪ _____
⑫ _____
⑬ _____
⑭ _____
⑮ _____
⑯ _____
⑰ _____
⑱ _____
⑲ _____

memo

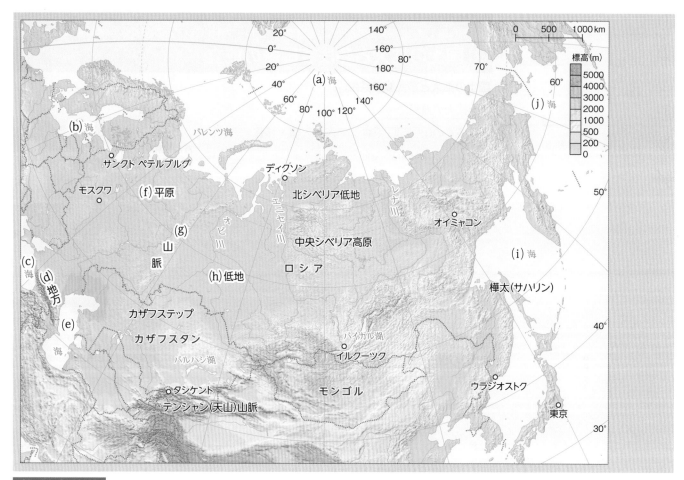

Check & Work

❶地図上の a ～ j に対応する自然地名を線で結ぼう。

a ・	・黒
b ・	・カスピ
c ・	・バルト
d ・	・北極
e ・	・オホーツク
f ・	・カフカス
g ・	・西シベリア
h ・	・ウラル
i ・	・東ヨーロッパ
j ・	・ベーリング

❷東経 40°線と東経 140°線をなぞってみよう。

❸モスクワと東京のおおまかな時差を右の
選択肢のなかから選び，[　] に○を記
入しよう。

[　]　5 時間
[　]　7 時間
[　] 10 時間

❹教科書巻頭⑦の 1 月の図を見ながら，ユーラシア大陸の東部
に発達する高気圧（1030hPa 以上）を上図に**赤線**で記入し
てみよう。

❺「イルクーツク」の雨温図を選んでみよう。　[　　　]

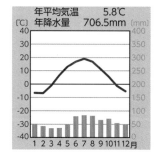
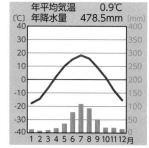

❻写真の風景が見られ
る場所と関係の深い
自然地名を a ～ j か
ら 2 つ選んでみよう。

[　　　]

② 国土の拡大と多民族国家の成立

① _____

② _____

③ _____

④ _____

⑤ _____

memo

国土の拡大と多民族の共生

領土拡大の過程で…

　　⇒多くの①□□□系ロシア人が入植・移住

　　⇒ロシアはロシア人を多数派とする②□□□□□に

ロシアの宗教

　　：③□□□□会の一派（④□□□正教）が多数派

ロシアの言語

　　：多くの地域でロシア語が公用語

　　：⑤□□□文字が広く使用される

その他民族 11.3%
バルト系民族 1.6%
トルコ系民族 14.5%
①□□□系民族（その他）20.2%
①□□□系民族（ロシア人）52.4%

■ 次の文章が正しい場合は〇を，誤っている場合は×を [ ] に記入しよう。

[　] ロシアでは，民族の規模や居住地などに応じて行政区分が設定されている。

[　] ロシアの各行政区分では，自治権は認められておらず，すべて中央政府の指示にしたがい運営される。

[　] ロシアの各行政区分では，独自の憲法が存在していたり，民族固有の言語が公用語として使用されていたりする。

[　] ロシアにおいて，北カフカスやヴォルガ川中流域では仏教が，シベリアの南部ではイスラームが主に信仰されている。

ソ連解体後の社会と経済

■ 次の文章が正しい場合は〇を，誤っている場合は×を [ ] に記入しよう。

[　] 1991年末にソ連が解体した後，ロシアを含む15の共和国が独立した。

[　] ソ連解体後，バルト3国などを除く旧ソ連構成国によってワルシャワ条約機構（WTO）が結成された。

[　] 計画経済から市場経済への移行により，ロシアの人々の生活は安定した。

[　] 市場経済への移行により，富を蓄える人々が出現し，貧富の差が拡大した。

[　] 市場経済への移行により，無料の教育や医療などの社会保障制度が廃止され，年金生活者の困窮も深刻化した。

memo

Work

❶独立国家共同体(CIS)の加盟国(準加盟国を含む)のうち,ロシアをのぞく国に色を塗ってみよう。

❷ソ連からの独立国(CIS非加盟国)のうち,ヨーロッパ連合(EU)に加盟している国を❶とは別の色で塗り分けてみよう。

② CIS を構成する国

■ 下の図を見ながら,文章を完成させよう。

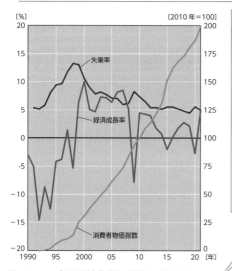

③ロシアの主な経済指標の推移　世界銀行資料による。

1990年代後半

石油や⑥□□□□の資源,関連産業が好調になり,⑦□□□□が安定するようになった。

21世紀

ロシア経済は順調に伸び,⑧□□□□□の一国として注目されるようになった。しかし,ロシア経済の根幹をなす⑨□□□□型の経済は資源価格の動向に左右されやすい面をもつ。

現代のロシアと周辺諸国

ロシアと資源

：エネルギー資源の豊富な北極海沿岸や⑩□□□□での資源確保は重要

⇒資源の利害関係をめぐり周辺諸国との摩擦も多い

⇒政治的に不安定な状況も見られる(ウクライナへの軍事侵攻／2022年～)

ロシアとアジア

：中央アジア諸国および⑪□□とは経済・文化交流だけでなく,

安全保障の面での強化をおこなう同盟も結ぶ。

⇒近年,⑫□□□□□など他のアジア諸国との連携も提案されている。

⑥＿＿＿＿＿

⑦＿＿＿＿＿

⑧＿＿＿＿＿

⑨＿＿＿＿＿

⑩＿＿＿＿＿

⑪＿＿＿＿＿

⑫＿＿＿＿＿

③ 国家の変容による産業と生活文化への影響

ロシアと周辺諸国の農業

■下の語群から適切な語句を選び，各地域の農業についてまとめた表を完成させよう。

ロシア	ウクライナから カザフスタン北部	中央アジア
南部の東西に広がる地域で小麦やライ麦，ジャガイモや①□□□□など，寒冷地に適した作物が栽培されている。	ウラル山脈以西のヨーロッパロシアの南部に広がる肥沃な②□□□地帯で小麦，大麦，トウモロコシなどの栽培が盛ん。	ウズベキスタンではソ連時代から続く③□□栽培が盛ん。カザフスタンは④□□の輸出国として成長している。

【語群：黒色土，黄色土，赤色土，綿花，小麦，大豆，コーヒー，オリーブ，てんさい】

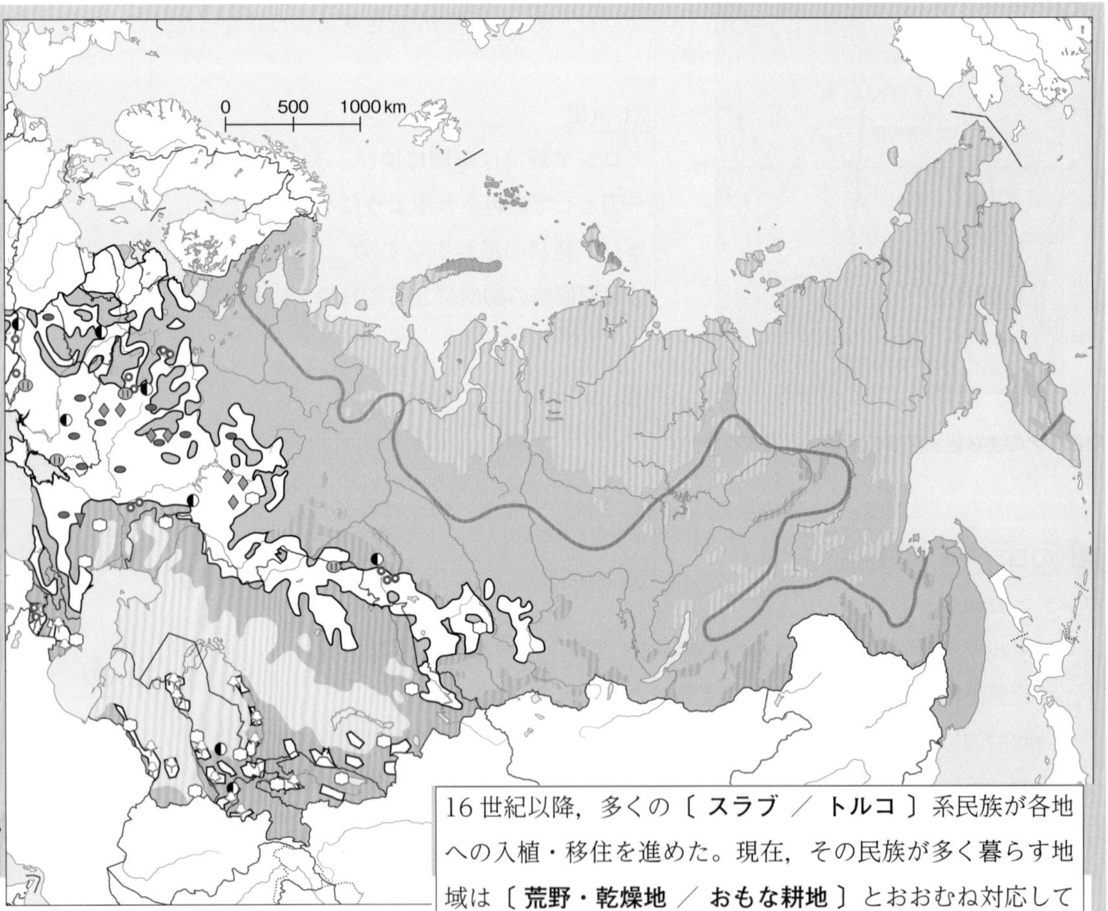

おもな作物・家畜
□　おもな耕地
　　（灌漑地も含む）
◈　ビート
●　ジャガイモ
○　果実・野菜
⚘　綿花
◐　牛
Ⓜ　豚
◯　羊
▽　ヤギ

農業・植生
■　森林
■　ツンドラ
■　ステップ・牧草地
□　荒野・乾燥地
■　その他
──　穀物の栽培限界

0　500　1000 km

❶農業分布
Diercke Weltatlas
2015 による。

Check & Work

❶「おもな耕地」を好きな色で塗ってみよう。

❷教科書 p.108 の内容と比較しながらまとめた右の文章の〔　〕にあてはまる正しい語句に○をつけてみよう。

16世紀以降，多くの〔 スラブ ／ トルコ 〕系民族が各地への入植・移住を進めた。現在，その民族が多く暮らす地域は〔 荒野・乾燥地 ／ おもな耕地 〕とおおむね対応しており，〔 移動に適した地域 ／ 農業に適した地域 〕を中心に移植や移住が進められたことがわかる。

ロシアの周辺諸国の資源と産業

次の文章が正しい場合は○を，誤っている場合は×を［　］に記入しよう。

［　］ ロシアにおける原油・天然ガスの産出量と埋蔵量は世界トップレベルである。

［　］ ロシアにおける金や鉄鉱石などの鉱物資源の埋蔵量は世界有数である。

［　］ ロシアの石油資源のおもな輸出先は，かつてはアメリカ合衆国が中心であった。

［　］ 近年，ロシアから東アジア諸国方面へパイプラインが延び，石油資源の輸出を
　　　増加させている。

［　］ ロシアは近年，アメリカ合衆国だけでなく，ヨーロッパや日本，韓国などの資本・
　　　技術の導入を進めており，あらゆる製造業の世界的な拠点となっている。

日本との関係

下のグラフを見ながら，表を完成させよう。

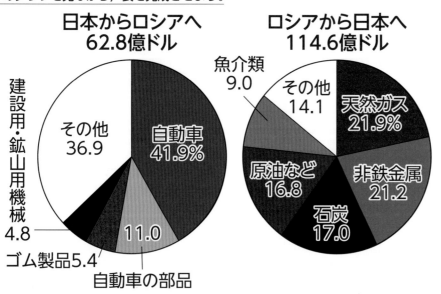

日本からロシアへ 62.8億ドル
自動車 41.9%／自動車の部品 11.0／ゴム製品 5.4／建設用・鉱山用機械 4.8／その他 36.9

ロシアから日本へ 114.6億ドル
天然ガス 21.9%／非鉄金属 21.2／石炭 17.0／原油など 16.8／魚介類 9.0／その他 14.1

ロシアから日本への輸出	日本からロシアへの輸出
⑤□□□□や魚介類など ⇒日本企業はサハリンの資源開発に参加 　しており，生産された原油や⑥□□□□ 　が日本に運ばれている。	⑦□□□や機械など ⇒ロシアでは冬季の自動車故障が命の危 　機につながるため，故障が少なく性能 　のよい日本の⑧□□□の人気が高い。

次の文章の下線部が正しい場合は○を，誤っている場合は正しい語句を記入しよう。

かつて⑨独立国家共同体を構成したウクライナでは，親ロシア派であるロシア系住民と親
欧米派の政府が対立した。2014年のロシアによる一方的な⑩クリミア半島の領有宣言以
後も，ウクライナ⑪西部において内戦は続き，⑫2022年2月，ロシアはウクライナへ
の侵攻を本格的に開始した。ロシアは，欧米諸国を中心とする国際社会から経済制裁を受
けたため，経済的にも打撃を受け，日本との関係も不安定化した。

memo

⑤ _____

⑥ _____

⑦ _____

⑧ _____

⑨ _____

⑩ _____

⑪ _____

⑫ _____

① _____

② _____

③ _____

④ _____

⑤ _____

⑥ _____

⑦ _____

⑧ _____

⑨ _____

⑩ _____

⑪ _____

⑫ _____

memo

....

....

....

....

1 歴史と自然環境

多民族社会の成立と文化

ヨーロッパ人と接触する以前のサハラ以南アフリカ：いくつもの古代王国が発達

西アフリカ	東アフリカのインド洋沿岸
①□の主要産地であり，②□□□商人などによりサハラ砂漠をはさんだ南北の交易が活発におこなわれた。	②商人による，③□□とよばれる帆船を用いた交易が盛んで，④□□□□とよばれる文化・言語が築き上げられた。

奴隷貿易と植民地支配による社会の分断

15 世紀末以降

　：ヨーロッパ人がアフリカに進出

　　⇒アフリカ人が⑤□□として連れ去られる

⑥□□□□

：ヨーロッパ商人は，⑤を南北アメリカ大陸やカリブ海の島々へ運び，そこで⑦□□□・⑧□□・⑨□□などの商品と交換してヨーロッパへ持ち帰る貿易をおこなった。

20 世紀初頭

　：イギリス・フランス・ポルトガルなどによる⑩□□□支配。

Work

❶アフリカの国境線（大陸部）を**赤**でなぞってみよう。

③アフリカ諸国の独立

社会の分断をこえて

第二次世界大戦後：

　：アフリカの多くの国々が独立

　⇒17 か国が独立した 1960 年は
　　⑪「□□□□□□」と呼ばれる。

　⇒植民地期に民族分布を無視して引かれた
　　⑫□□的な国境が原因で，民族対立や地域紛争が数多く生じた。

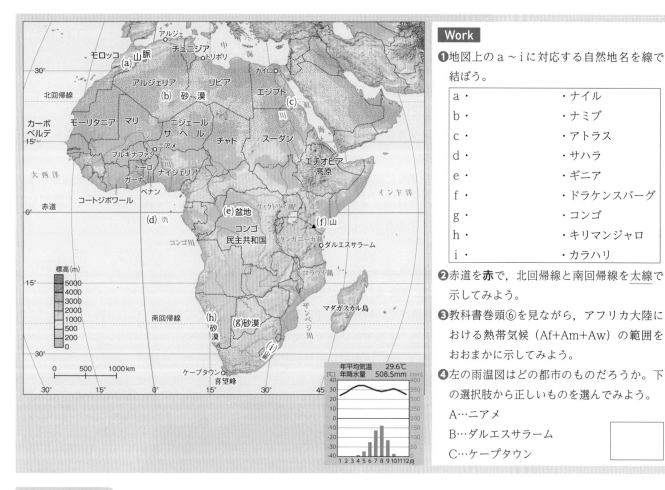

Work

❶地図上のa〜iに対応する自然地名を線で結ぼう。

a・	・ナイル
b・	・ナミブ
c・	・アトラス
d・	・サハラ
e・	・ギニア
f・	・ドラケンスバーグ
g・	・コンゴ
h・	・キリマンジャロ
i・	・カラハリ

❷赤道を**赤**で，北回帰線と南回帰線を<u>太線</u>で示してみよう。

❸教科書巻頭⑥を見ながら，アフリカ大陸における熱帯気候（Af+Am+Aw）の範囲をおおまかに示してみよう。

❹左の雨温図はどの都市のものだろうか。下の選択肢から正しいものを選んでみよう。
A…ニアメ
B…ダルエスサラーム
C…ケープタウン

台地と大地溝帯

アフリカ大陸の大部分

：地殻運動を数億年以上にわたり受けていない⑬□□□□

⇒⑭□□作用を長期間受けたため，台地状の平坦な地形が広がる。

⇒大陸全体が上昇し続けているため，平均的な標高が⑮□□のが特徴。

大陸東部

：プレートの境界が広がることで形成された⑯□□□□が南北7000kmにわたり連なる。

⇒⑯には⑰□□が多い。また裂け目に水が溜まった⑱□が見られる。

南北で対称的な気候

■ 次の文章が正しい場合は〇を，誤っている場合は×を ［ ］ に記入しよう。

［　］ 赤道付近のコンゴ盆地では熱帯雨林が見られるが，赤道から離れるにつれ降水量が少なくなり，サバナが広がる。

［　］ 大陸東部では赤道付近においても熱帯雨林は見られず，東西で気候が異なる。

［　］ 北回帰線付近ではカラハリ砂漠が，南回帰線付近ではサハラ砂漠が広がる。

［　］ サハラ砂漠の南縁に位置するサヘルでは，降水量の変動が大きく，干ばつや飢饉がたびたび発生する。

⑬ _____

⑭ _____

⑮ _____

⑯ _____

⑰ _____

⑱ _____

memo

① _____
② _____
③ _____
memo

② 多民族社会の暮らしと生活文化

多様な民族と文化

次の文章が正しい場合は〇を，誤っている場合は×を〔 〕に記入しよう。

〔　〕アフリカには独自の言語や宗教など固有の文化を有する民族集団が数多く存在する。

〔　〕アフリカには多くの言語が存在し，多くの場合，個人が複数の言語を使用する。

〔　〕サハラ以南アフリカでは，イスラームやヒンドゥー教が東アフリカ内陸部や南部アフリカを中心に浸透している。

アフリカと文化

：①□□をこえた人の交流が頻繁におこなわれる

：文化・言語が広い地域で共通に見られることもある

②□□□□：インド洋に面する東アフリカ沿岸で成立

⇒③□□□□□の規範を生活の基盤に据えた独自の文化圏

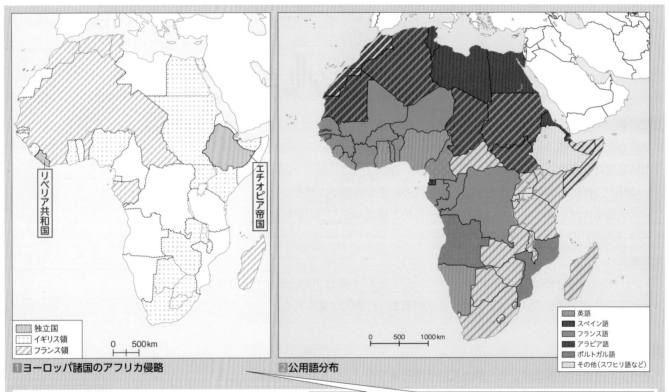

独立国
イギリス領
フランス領
0 500km

リベリア共和国
エチオピア帝国

1 ヨーロッパ諸国のアフリカ侵略

0 500 1000km

英語
スペイン語
フランス語
アラビア語
ポルトガル語
その他(スワヒリ語など)

2 公用語分布

Check & Work

❶イギリスとフランスの植民地だった国をそれぞれ異なる色で着色しよう。

❷イギリスとフランスの進出方向を矢印で示してみよう。

❸2つの図を読み取ってまとめた右の文章の〔　〕にあてはまる正しい語句に〇をつけてみよう。

イギリスの旧植民地では公用語として〔 **英語** / **アラビア語** 〕を用いている国が多く，フランスの旧植民地ではフランス語のほか，〔**アラビア語** / **英語**〕も公用語として用いられている。一方，独立を維持したエチオピアでは，〔 **英語** / **スワヒリ語など** 〕が公用語として用いられている。

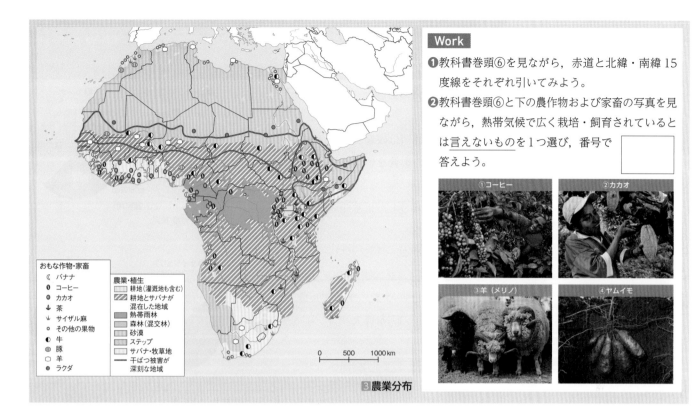

Work

❶教科書巻頭⑥を見ながら，赤道と北緯・南緯15度線をそれぞれ引いてみよう。

❷教科書巻頭⑥と下の農作物および家畜の写真を見ながら，熱帯気候で広く栽培・飼育されているとは言えないものを1つ選び，番号で答えよう。　□

①コーヒー　②カカオ
③羊（メリノ）　④ヤムイモ

おもな作物・家畜
- ☾ バナナ
- ◑ コーヒー
- ◐ カカオ
- ↓ 茶
- ↙ サイザル麻
- ○ その他の果物
- ◐ 牛
- ⊕ 豚
- □ 羊
- ● ラクダ

農業・植生
- 耕地（灌漑地も含む）
- 耕地とサバナが混在した地域
- 熱帯雨林
- 森林（混交林）
- 砂漠
- ステップ
- サバナ・牧草地
- ── 干ばつ被害が深刻な地域

0　500　1000 km

❸農業分布

生業と自然環境

アフリカの生業：地域の気候や環境をたくみに利用した多様な生業が発達

熱帯	熱帯雨林地域	サバナ地域	乾燥帯
④□□農業が営まれている。	⑤□□□□□やバナナなどが栽培されている。	モロコシなどの⑥□□類や陸稲，マメ類などが栽培されている。	牛やヤギ，ラクダなどを飼育する⑦□□が営まれている。

④_____

⑤_____

⑥_____

⑦_____

✎memo

■ **次の文章が正しい場合は〇を，誤っている場合は×を［　］に記入しよう。**

［　］サハラ砂漠の北端に位置するサヘル地域などでは，紛争の勃発，農作物の国際価格の変動や都市からの人口発散などが原因で，飢餓が発生している。

Try 伝統的な生活文化が変化する理由について考え，自分の言葉でまとめてみよう。

③ 社会の分断と経済

植民地経済と社会の分断

15 世紀後半以降

　：アフリカの経済は奴隷貿易や

　　植民地支配の影響を著しく受けた。

19 世紀末〜

　：宗主国による①□□□□□□□経営

　　が盛んになる。

　　　⇒ガーナやコートジボワールでは②

　　　□□□□，ケニアやタンザニアで

　　　はコーヒーや茶，サイザル麻など

　　　の③□□□□が導入

　　　⇒④□□□□□□□経済へ

┌──────────────────────────┐
│ 特定の一次産品の輸出に依存する経済 │
│ ナイジェリアの⑤□□，ザンビアの銅など │
└──────────────────────────┘

❶コートジボワール
輸出計:127.2億ドル

その他 32.3 / カカオ豆 28.1% / 8.8 / 8.5 石油製品 / 8.1 金(非貨幣用) / 野菜・果実 / 天然ゴム / 原油 7.1 / 7.1

❷ガーナ
輸出計:167.7億ドル

その他 20.7 / 金(非貨幣用) 37.0% / 原油 31.3 / カカオ豆 11.0

❸ナイジェリア
輸出計:349.0億ドル

その他 13.3 / 天然ガス 11.2 / 原油 75.4%

❹エチオピア
輸出計:25.3億ドル

肉類 2.6 / その他 23.2 / コーヒー豆 31.5% / ごま 14.3 / 野菜・果実 22.8 / 衣類 5.5

成長する南アフリカ共和国

⑥□□□□年

　：非人道的な差別政策である⑦□□□□□□□が廃止

　　⇒ 1994 年には全人種参加の総選挙がおこなわれ，⑧□□政権が誕生

著しい経済成長

　：⑨□□□□□の一国として世界から注目されている

　　⇒近年は，経済の中心が鉱業から金融・保険へと移り変わった

　　⇒情報通信技術（⑩□□□）の発展もめざましい

　　⇒ 2010 年にはサッカーワールドカップが開催され，⑪□□□数も増加している

　　⇔経済が発展するなかで，都市部での治安悪化や経済格差が課題に

独立後の経済

次の文章が正しい場合は〇を，誤っている場合は×を［　］に記入しよう。

［　］ アフリカの国々の多くは世界銀行などの国際機関による経済支援を受け，ほと

　　　んどの国で対外債務が解消した。

［　］ 価格変動の激しい一次産品に依存する経済は，国際価格に国の経済が左右され

　　　るため，安定しない。

① _____
② _____
③ _____
④ _____
⑤ _____
⑥ _____
⑦ _____
⑧ _____
⑨ _____
⑩ _____
⑪ _____

memo

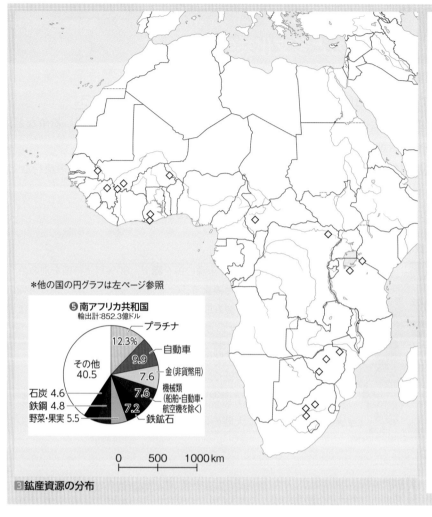

*他の国の円グラフは左ページ参照

❺南アフリカ共和国
輸出計:852.3億ドル

- プラチナ 12.3%
- 自動車 9.9
- 金(非貨幣用) 7.6
- 機械類(船舶・自動車・航空機を除く) 7.6
- 鉄鉱石 7.2
- 野菜・果実 5.5
- 鉄鋼 4.8
- 石炭 4.6
- その他 40.5

0　500　1000km

❸鉱産資源の分布

Check & Work

❶ガーナと南アフリカ共和国の国境線をなぞってみよう。

❷金（Gold）のおもな産出地（◇）を好きな色で塗ってみよう。

❸鉱産資源の分布図とアフリカ諸国の輸出に関する円グラフを読み取ってまとめた下の文章が正しい場合は○を，誤っている場合は×を［　］に記入しよう。

［　］ ガーナにおける金の輸出額は，南アフリカ共和国における金の輸出額よりも少ない。

［　］ 金の産出地の付近には，必ず川が流れている。

［　］ 南アフリカ共和国における金の輸出額はコートジボワールと比べて60億ドル以上多いが，近年の産業構造の変化にともない，主な輸出品目は自動車や機械類にシフトしつつある。

経済発展と社会の融和

■次の文章が正しい場合は○を，誤っている場合は×を［　］に記入しよう。

memo

［　］ サハラ以南アフリカでは，レアメタルなどの鉱産資源や農産物などの輸出が経済成長の原動力となっている国がある。

［　］ サハラ以南アフリカでは，急速な人口増加を背景に都市部への人口集中が生じ，市場としての魅力が高まっているが，海外企業の進出が増えているわけではない。

Try▷ 海外からの投資の拡大が人々の生活文化に及ぼす影響について考え，自分の言葉でまとめてみよう。

④ かわるアフリカと多文化共生

継続する課題

次の文章が正しい場合は○を，誤っている場合は×を［　］に記入しよう。

[　] アフリカは，奴隷貿易や植民地支配，独立後の経済の低迷や貧困，紛争など，多くの困難や課題に直面してきた。

[　] 状況が好転した地域はごくわずかであり，食料や水の不足，感染症の流行などの課題に依然として直面している地域がほとんどである。

[　] アフリカでは，都市部の人口が減少してスラムが拡大している。

識字率（15歳以上）世界:86.7%（2020年）

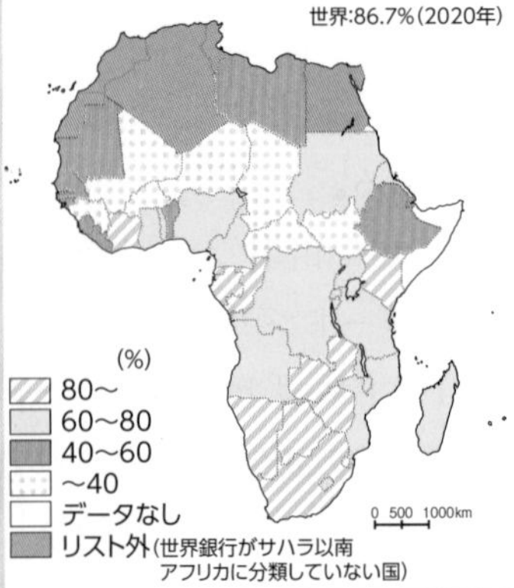

乳児死亡数（1000人あたり）世界:27.4人（2020年）

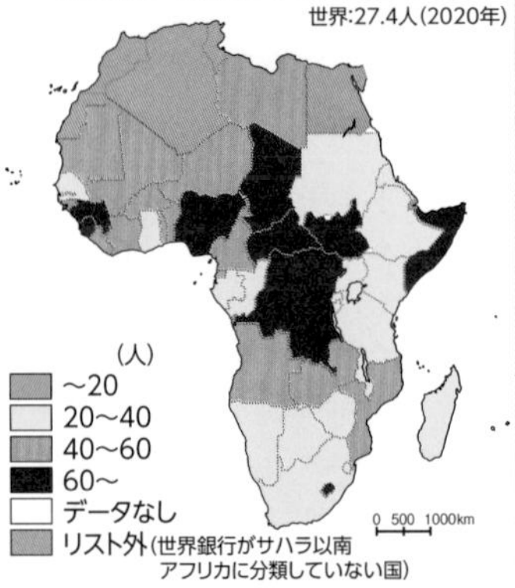

Work

❶識字率が40％未満の国を**赤**で，80％以上の国を別の色で塗り分けてみよう。

❷2つの図を読み取ってまとめた次の文章が正しい場合は○を，誤っている場合は×を［　］に記入しよう。

[　] サハラ砂漠の南部に位置する国の多くは，識字率が低く，乳児死亡数が多い傾向がある。

[　] 識字率が高く，乳児死亡数が少ない国は主に大陸の南側に集中している。

空欄に当てはまる語句を下の語群から選ぼう。

アフリカでは…

経済成長が進む一方，人々の①□□が広がり，経済や教育の不平等が拡大。

⇒②□□□□年ごろからサハラ以南アフリカのGDPは，OECD加盟国の伸びを上回るようになった。

⇒国連サミットでは持続可能な開発目標（［③□□□□］）が採択され，アフリカの諸課題に対しさまざまな支援が進められている。

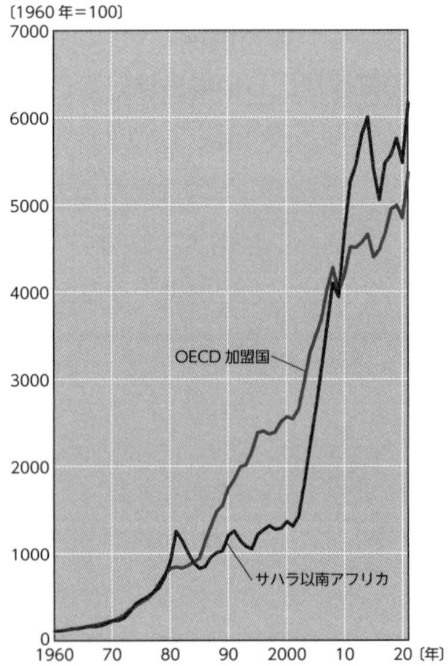

5 国内総生産（GDP）の推移

① _____
② _____
③ _____

【語群：MDGs, SDGs, 2000, 2010, 格差, 情報格差】

変化するアフリカ

■ 次の文章が正しい場合は〇を，誤っている場合は×を [　] に記入しよう。

[　] アフリカの農村部では，現金などの対価を得るために作物を栽培することが多く，自給のための農牧業を営む人々は少ない。

[　] 国の政策として携帯電話の普及が急速に進められている。

[　] インターネットにアクセスできる環境は，都市部では整備されているが，農村部では未整備である。

[　] 都市部では，電子マネーの利用やタクシーの配車サービスなどが進み，人々の暮らしに変化が生じている。

観光業の発展

: ④□□□□□□□が盛ん

⇒野生動物や地域の文化を観光資源として活用

⇒アフリカ大陸の東岸に位置する⑤□□□などで顕著

国をこえた地域の統一

1963 年：アフリカ統一機構（OAU）の創設

⇒⑥□□□□年に⑦□□□□□□（AU）へと改組

（紛争の予防や解決などの平和維持に重要な役割を果たしている）

---

④ _____

⑤ _____

⑥ _____

⑦ _____

memo

Try アフリカにおける持続可能な開発を実現するために必要な支援について考え，自分の言葉でまとめてみよう。

Plus Ultra 〉 グループ４のまとめ

①
②
③
④
⑤
⑥
⑦
⑧
⑨
⑩
⑪
⑫
⑬

memo

多様な民族と国家

民族

　：生活の基盤となる①□□□や規範を共有する集団

　：同じ民族の共通点＝②□□，③□□，生活習慣などの④□□□□

国家

　：現代の国家は，複数の民族から構成されている⑤□□□□□

　　⇒経済的な⑥□□や差別，民族による社会的地位の固定化が⑦□□に発展することも

文化と結び付く言語

次の文章が正しい場合は○を，誤っている場合は×を［　］に記入しよう。

［　］日本語は，他の言語と類似性のある言語である。

［　］かつて植民地支配を受けた地域では，旧宗主国の言語は現在用いられていない。

［　］多民族国家では複数の言語を公用語とする場合もある。

図の説明文を完成させよう

中国語 18.2%
その他 49.2
英語 8.6
ヒンディー語 6.4
スペイン語 5.3
アラビア語 3.3
ロシア語 3.1
ポルトガル語 2.7
ドイツ語 1.5
フランス語 1.7

世界で最も話者の多い言語は⑧□□□□で，世界人口の約2割を占める。2番目に話者人口の多い言語は⑨□□である。18世紀以降，⑩□□□□が積極的に海外進出を果たし，多くの植民地を獲得したことが背景となり，今日でも多くの国で⑪□□□として用いられているからである。

多民族と国家／使用言語の共通性と地域の結び付き

民族と国家（アフリカの場合）

　：ヨーロッパ諸国による分割や植民地支配

　　⇒民族の居住地とは一致しない形で⑫□□□□が引かれたところも多い

　　　⇒⑫をこえるかたちで民族が分布

植民地支配と公用語（アフリカの場合）

　：旧宗主国の言語がそのまま公用語として設定されている国が多い

　　⇒とりわけ⑨や⑬□□□□語などが広く浸透している

　　　⇒アフリカの若者は出稼ぎ場所としてヨーロッパを選ぶケースも多い

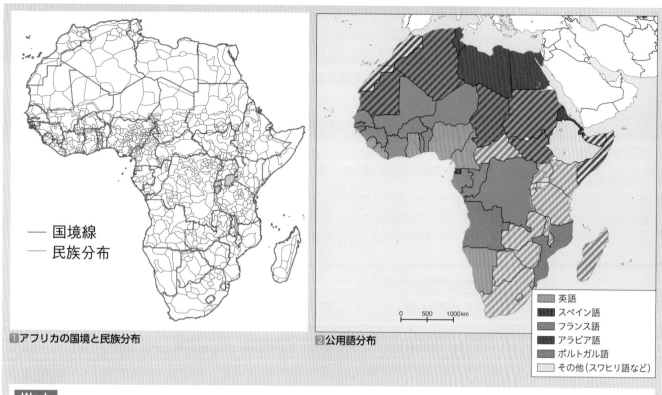

— 国境線

— 民族分布

❶アフリカの国境と民族分布

❷公用語分布

凡例:
- 英語
- スペイン語
- フランス語
- アラビア語
- ポルトガル語
- その他(スワヒリ語など)

0 500 1000km

Work

❶上の左図におけるアフリカの国境線をなぞってみよう。

❷2つの図を読み取ってまとめた下の文章が正しい場合は〇を，誤っている場合は×を［　］に記入しよう。

［　］サハラ砂漠以南と以北の国々と比べると，以北の国々における民族分布は，以南の国々よりも複雑ではない。

［　］サハラ砂漠以北の国々では，英語よりもアラビア語とフランス語を話せる人が多いと考えられる。

［　］国家内の民族分布がとくに複雑なナイジェリアでは，英語のほかにフランス語が公用語に設定されている。

導入
memo

振り返り
memo

① _____

② _____

③ _____

④ _____

⑤ _____

⑥ _____

✎ memo

1 歴史と自然環境

コロンブスの「発見」と植民地社会

入植前の北アメリカ：アジアから移住してきた①□□□が広範囲に分散して居住

1492 年：②□□□□□が西インド諸島に到達 ⇒③□□世紀には入植が開始

■ 次の文章が正しい場合は〇を，誤っている場合は×を [　] に記入しよう。

[　] 北アメリカに最初に入植したヨーロッパ人はフランス人である。

[　] 少し遅れてイギリス人が現在のアメリカ合衆国の太平洋沿岸に入植した。

[　] 現在のアメリカ合衆国の太平洋沿岸にはポルトガルの拠点が建設された。

大陸横断国家の成立

18 世紀なかば：④□□□□が支配を確立

　　　　　　　⇒⑤□□植民地は④の支配に抵抗

　　　　　　　　⇒⑥□□□□（1775 年～）を経てアメリカ合衆国が成立

■ 次の文章が正しい場合は〇を，誤っている場合は×を [　] に記入しよう。

[　] アメリカ合衆国では西部への領土の拡大にともない，奴隷制を維持したい北部と，反奴隷制の立場をとる南部の対立が深刻になり，南北戦争に発展した。

[　] 南北戦争が終結すると，勝利した北部では工業化が進み大都市が発展した。

[　] ニューヨークやシカゴなどの大都市にはメキシコや中国からの移民が増加した。

[　] 南北戦争後，大陸横断鉄道が完成して西部開拓がさらに進行し，1890 年にはフロンティアの消滅が宣言された。

Work

❶ 絵画上の□に東西南北を記入してみよう。

❷ 絵画の内容について，「先住民」「開拓」という言葉を必ず用いて自分の言葉で説明してみよう（絵画から読み取れる他の要素を説明に用いてもよい）。

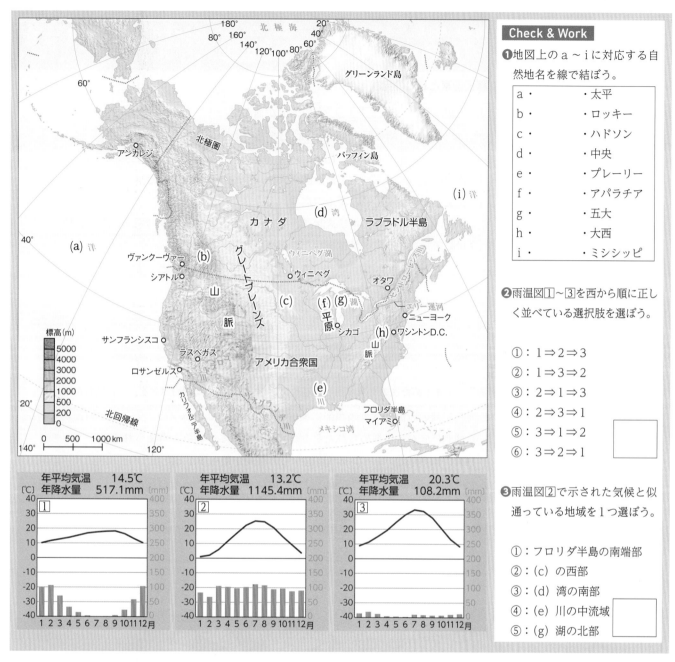

❶地図上のa～iに対応する自然地名を線で結ぼう。

a・		・太平
b・		・ロッキー
c・		・ハドソン
d・		・中央
e・		・プレーリー
f・		・アパラチア
g・		・五大
h・		・大西
i・		・ミシシッピ

❷雨温図①～③を西から順に正しく並べている選択肢を選ぼう。

①：1⇒2⇒3
②：1⇒3⇒2
③：2⇒1⇒3
④：2⇒3⇒1
⑤：3⇒1⇒2
⑥：3⇒2⇒1

❸雨温図②で示された気候と似通っている地域を1つ選ぼう。

①：フロリダ半島の南端部
②：(c) の西部
③：(d) 湾の南部
④：(e) 川の中流域
⑤：(g) 湖の北部

南北に走る山脈と中央の平原

(b) 山脈：⑦□□□に位置し，(h) 山脈よりも急峻

(d) 湾周辺：安定陸塊である⑧□□□□□□が広がり，⑨□□□が多数存在

(f) 平原地帯：⑩□に向かってゆるやかに標高が高くなる

湿潤の東部と乾燥の西部

西経⑪□□□度付近を境に…

　：東部では降水量が比較的多い

　：西部には年降水量が⑫□□□ mm を下回る乾燥地域が広がる。

⑦＿＿＿＿＿＿＿＿

⑧＿＿＿＿＿＿＿＿

⑨＿＿＿＿＿＿＿＿

⑩＿＿＿＿＿＿＿＿

⑪＿＿＿＿＿＿＿＿

⑫＿＿＿＿＿＿＿＿

② 移民国家の発展と人々の生活

移民国家としての発展

17 世紀以降	①□□□□□人の入植が進んだ。
	南部諸州：②□□□□から連れてこられた人々
	【主な背景】綿花の③□□□□□□□□の労働力
19 世紀初頭	④□□□□の進展（大西洋岸や五大湖沿岸など）
19 世紀なかば	中西部の開拓の進展
	⇒イギリス諸島系，ドイツ系，北ヨーロッパ系の人々の入植
19 世紀末～	工業化が進展した東部や中西部の都市
	⇒南・東ヨーロッパからの移民が労働力として流入
	西海岸の各州
	⇒中国人や日本人が流入

主な移民（■:20万人）
- ■ 北・西ヨーロッパ
- ■ 南ヨーロッパ
- ■ 東ヨーロッパ
- ■ アジア
- ■ ┌カナダ
  　中南米
  └サハラ以南アフリカ

先住民族の居留地

フロンティアの開拓
- 1800
- 1830
- 1860
- 1880
- 1880年～

Work

❶図を読み取ってまとめた次の文章が正しい場合は○を，誤っている場合は×を［　］に記入しよう。

［　］ 先住民族の居留地は大陸西部に集中しているが，これはフロンティアの開拓が東側から西側に向かって進められたことが大きく影響していると考えられる。

［　］ 1941 年以前は，ヨーロッパ諸国からの移民が最も多かった。

［　］ 1941 年以前は，サハラ以南アフリカとアジア諸国からの移民がヨーロッパ諸国からの移民に次いで多かった。

［　］ 1941 年以後，ヨーロッパ諸国からの移民は減少し，かわりにアジア諸国からの移民が最も多くなっている。

カナダから　1820~1940　1941~1912

ヨーロッパ諸国から　1820~1880　1881~1910　1911~1940　1941~2012

アジア諸国から　1820~1940　1941~2012　1820~1940　1941~2012　中南米諸国から

サハラ以南アフリカから　1820~1880　1941~2012

0　500　1000 km

■アメリカ合衆国の移民の歴史

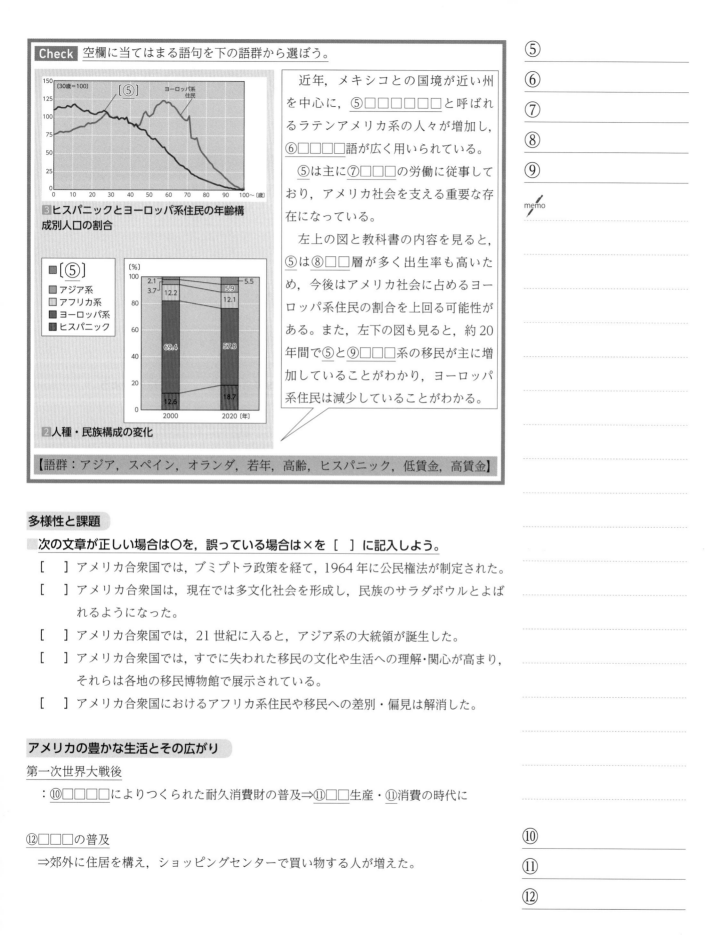

Check 空欄に当てはまる語句を下の語群から選ぼう。

③ヒスパニックとヨーロッパ系住民の年齢構成別人口の割合

2人種・民族構成の変化

凡例:
- ■[⑤]
- アジア系
- アフリカ系
- ヨーロッパ系
- ヒスパニック

【語群：アジア，スペイン，オランダ，若年，高齢，ヒスパニック，低賃金，高賃金】

近年，メキシコとの国境が近い州を中心に，⑤□□□□□□と呼ばれるラテンアメリカ系の人々が増加し，⑥□□□□語が広く用いられている。

⑤は主に⑦□□□の労働に従事しており，アメリカ社会を支える重要な存在になっている。

左上の図と教科書の内容を見ると，⑤は⑧□□層が多く出生率も高いため，今後はアメリカ社会に占めるヨーロッパ系住民の割合を上回る可能性がある。また，左下の図も見ると，約20年間で⑤と⑨□□□系の移民が主に増加していることがわかり，ヨーロッパ系住民は減少していることがわかる。

⑤ _____
⑥ _____
⑦ _____
⑧ _____
⑨ _____

memo

多様性と課題

■ 次の文章が正しい場合は〇を，誤っている場合は×を［　］に記入しよう。

［　］アメリカ合衆国では，ブミプトラ政策を経て，1964年に公民権法が制定された。

［　］アメリカ合衆国は，現在では多文化社会を形成し，民族のサラダボウルとよばれるようになった。

［　］アメリカ合衆国では，21世紀に入ると，アジア系の大統領が誕生した。

［　］アメリカ合衆国では，すでに失われた移民の文化や生活への理解・関心が高まり，それらは各地の移民博物館で展示されている。

［　］アメリカ合衆国におけるアフリカ系住民や移民への差別・偏見は解消した。

アメリカの豊かな生活とその広がり

第一次世界大戦後

：⑩□□□□によりつくられた耐久消費財の普及⇒⑪□□生産・⑪消費の時代に

⑫□□□の普及

⇒郊外に住居を構え，ショッピングセンターで買い物する人が増えた。

⑩ _____
⑪ _____
⑫ _____

③ 移民に支えられる農業とアグリビジネスの発展

家族農場から企業的農業へ

降水量に恵まれた東部

　　：先住民によってトウモロコシやマメ，カボチャが栽培

　　　　⇒ヨーロッパ人の到来

　　　　　⇒東部では①□□□□が導入され，それに②□□□□□が組み込まれた

家族農場中心の農業形態

　　⇒西部開拓の進展

　　　⇒地域ごとに環境に適応した農業形態が発達（適地適作）

　　　　⇒機械化や③□□□化が進展

　　　　　⇒少数の④□□□□□が広大な農地を耕作するように

次の文章が正しい場合は〇を，誤っている場合は×を ［　］に記入しよう。

　　［　］アメリカ合衆国では，東部を中心に家族農場が衰退しつつある。

　　［　］家族農場の衰退の結果，幅広い作物が総合的に栽培されるようになった。

　　［　］家族農場の衰退の結果，ヒスパニックなど低賃金労働者の雇用が増えた。

西部における灌漑農業の発展

降水量の少ない西部

　　：⑤□□□□□□□□方式による大規模な灌漑が発展

肉牛

　【従来】中央平原からプレーリーにかけての⑥□□□□□□で飼育

　【現在】主にグレートプレーンズでの飼育

　　　　　⇒⑦□□□□□□と呼ばれる企業的農場で飼育される

アグリビジネス企業の台頭／農業の抱える課題

農業の工業化

　　⇒⑧□□□□□□（農業関連産業）が盛んに

　　　（農機具の供給や農産物の加工・流通，多収量品種の開発など幅広い事業）

　　⇒とりわけ穀物⑩□□□□と呼ばれる

　　　巨大な穀物商社の影響力は世界に及ぶ

> 近年は，大豆の⑨□□□組み換え
> 作物の開発が注目されている。

工業化にともなう課題

　　：土地利用の単純化や農薬と化学肥料への依存，⑪□□流出の懸念

　　：灌漑に依存する地域では⑫□□□の枯渇が懸念される（水資源の確保が課題に）

① _____

② _____

③ _____

④ _____

⑤ _____

⑥ _____

⑦ _____

⑧ _____

⑨ _____

⑩ _____

⑪ _____

⑫ _____

memo

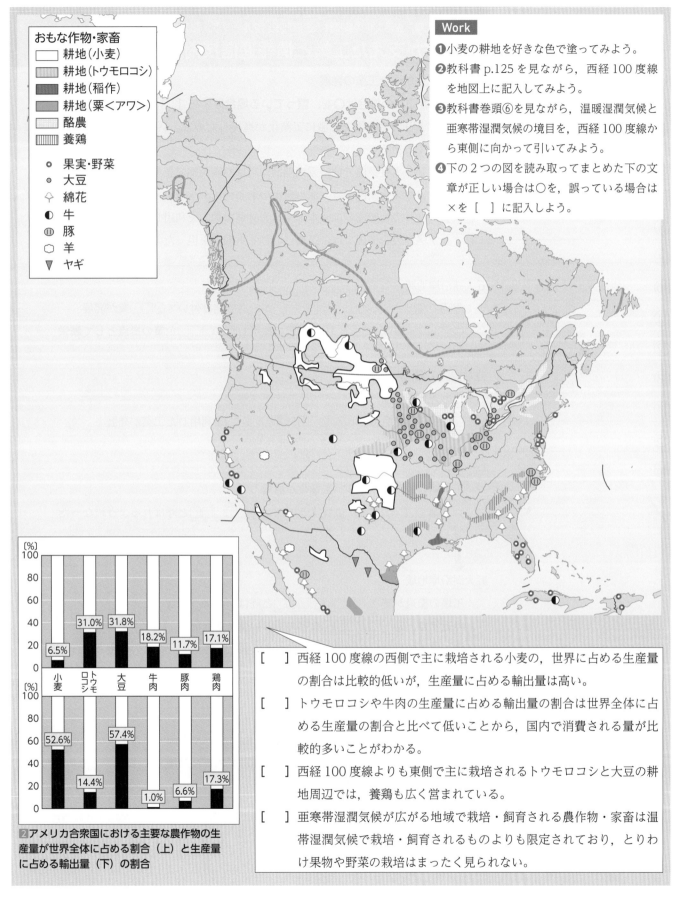

おもな作物・家畜
- ▢ 耕地（小麦）
- ▨ 耕地（トウモロコシ）
- ▤ 耕地（稲作）
- ▦ 耕地（粟＜アワ＞）
- ▨ 酪農
- ▥ 養鶏

- ○ 果実・野菜
- ● 大豆
- ♧ 綿花
- ◑ 牛
- ⑪ 豚
- ⬠ 羊
- ▽ ヤギ

Work
❶小麦の耕地を好きな色で塗ってみよう。
❷教科書 p.125 を見ながら，西経 100 度線を地図上に記入してみよう。
❸教科書巻頭⑥を見ながら，温暖湿潤気候と亜寒帯湿潤気候の境目を，西経 100 度線から東側に向かって引いてみよう。
❹下の 2 つの図を読み取ってまとめた下の文章が正しい場合は〇を，誤っている場合は×を［　］に記入しよう。

アメリカ合衆国における主要な農作物の生産量が世界全体に占める割合（上）と生産量に占める輸出量（下）の割合

生産量が世界全体に占める割合（上）
小麦	トウモロコシ	大豆	牛肉	豚肉	鶏肉
6.5%	31.0%	31.8%	18.2%	11.7%	17.1%

生産量に占める輸出量（下）
小麦	トウモロコシ	大豆	牛肉	豚肉	鶏肉
52.6%	14.4%	57.4%	1.0%	6.6%	17.3%

［　］西経 100 度線の西側で主に栽培される小麦の，世界に占める生産量の割合は比較的低いが，生産量に占める輸出量は高い。

［　］トウモロコシや牛肉の生産量に占める輸出量の割合は世界全体に占める生産量の割合と比べて低いことから，国内で消費される量が比較的多いことがわかる。

［　］西経 100 度線よりも東側で主に栽培されるトウモロコシと大豆の耕地周辺では，養鶏も広く営まれている。

［　］亜寒帯湿潤気候が広がる地域で栽培・飼育される農作物・家畜は温帯湿潤気候で栽培・飼育されるものよりも限定されており，とりわけ果物や野菜の栽培はまったく見られない。

④ 移民が支えた工業と情報通信技術産業の発展

立地条件を生かした工業の発展

次の文章が正しい場合は○を，誤っている場合は×を〔　〕に記入しよう。

〔　〕アメリカ合衆国で急激に工業化が進行したのは，19世紀から20世紀前半にかけてである。

〔　〕アメリカ合衆国では，五大湖沿岸地域や南西部で急激な工業化が進んだ。

〔　〕アメリカ合衆国では，滝や急流のある河川が水車や水力発電の動力源となった。

〔　〕アメリカ合衆国では，水車や水力発電の動力を利用して，製紙工場が立地した。

〔　〕アメリカ合衆国では，工場における労働力を担ったのはおもに移民であった。

五大湖沿岸地域

：周辺で産出される①□□と②□□□が水運で結び付いて③□□業が発展

⇒デトロイトは，④□□□□方式を採用した⑤□□□企業の拠点として繁栄

立地要因の変化と南部の発展

工業化の遅れた南部

⑥□□□□□で産出される⑦□□や⑧□□□□を利用した工業が発展

1970年代〜

：工業誘致政策がみのり，工業化が進展

⇒北緯⑨□□度以南に位置する地域は⑩□□□□□と呼ばれるようになった

↕

五大湖沿岸地域

：工場の撤退が続き，⑪□□□□□□と呼ばれるようになった

⇒近年は，⑫□□□□□□などの新しい産業が発展

⇒一時期の衰退した状況を脱しつつある⑬□□□□□□などの都市も見られる

ICTの発達と世界への広がり

⑭□□□□□□（ICT）産業の発達

⇒西部（サンフランシスコ）の⑮□□□□□□□□や東部のボストンが研究開発の拠点

⇒⑯□□□□□□が民間に開放されて以降，大きく発展

⇒人々の生活になくてはならない産業へ

① _____
② _____
③ _____
④ _____
⑤ _____
⑥ _____
⑦ _____
⑧ _____
⑨ _____
⑩ _____
⑪ _____
⑫ _____
⑬ _____
⑭ _____
⑮ _____
⑯ _____

memo

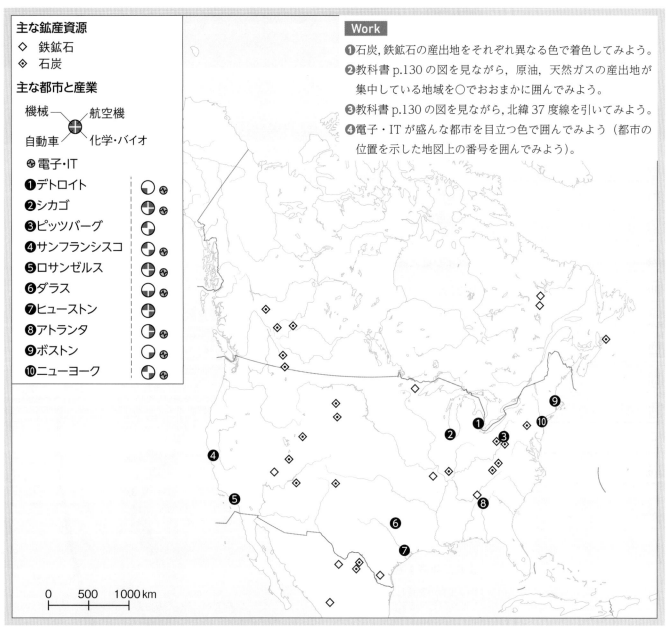

主な鉱産資源
- ◇ 鉄鉱石
- ◈ 石炭

主な都市と産業

機械＿ ＿航空機
自動車＿ ＿化学・バイオ

⊛電子・IT
❶デトロイト
❷シカゴ
❸ピッツバーグ
❹サンフランシスコ
❺ロサンゼルス
❻ダラス
❼ヒューストン
❽アトランタ
❾ボストン
❿ニューヨーク

Work

❶石炭, 鉄鉱石の産出地をそれぞれ異なる色で着色してみよう。

❷教科書 p.130 の図を見ながら, 原油, 天然ガスの産出地が集中している地域を〇でおおまかに囲んでみよう。

❸教科書 p.130 の図を見ながら, 北緯 37 度線を引いてみよう。

❹電子・IT が盛んな都市を目立つ色で囲んでみよう（都市の位置を示した地図上の番号を囲んでみよう）。

0　　500　　1000 km

Try ▶ 次の文章がテーマと合致している場合は○を，合致していない場合は×を ［　］に記入しよう。

テーマ：インターネットの普及にともなう暮らしの変化

［　］ 通信販売が浸透する一方で，百貨店などの実店舗は減少傾向にある。

［　］ 大都市では，ファッションブランドなどの実店舗のショールーム化が進んでいる。

［　］ GAFA と呼ばれる情報通信技術産業の巨大産業の巨額の売り上げに対する課税のあり方をめぐって，世界的に厳しい目が向けられている。

［　］ インターネットの普及は，アメリカ合衆国だけではなく，世界の生活文化を変容させた。

memo

第2編　第1章　生活文化の多様性と国際理解　グループ5　ラテンアメリカ　　　

1 歴史と自然環境

古代文明の成立

紀元前に築かれた都市文明

　：メソアメリカ文明（①□□□□半島や②□□□□高原）

　：③□□□□文明（③高地など）⇒④□□□帝国（中央③を支配）

農耕文化

　：高度な灌漑技術を用いて⑤□□□□□□や⑥□□□□□を栽培

スペインによる侵略と文明の滅亡

| 1521年 | ⑦□□□□による⑧□□□□王国の征服 |
| 1533年 | ⑨□□□による征服により④帝国が滅亡 |

侵略後…
農作物（⑤，⑥，⑩□□□）などがヨーロッパに伝えられた。一方，⑪□□□□□□□などの伝染病がもちこまれ，免疫をもたない先住民人口が激減した。

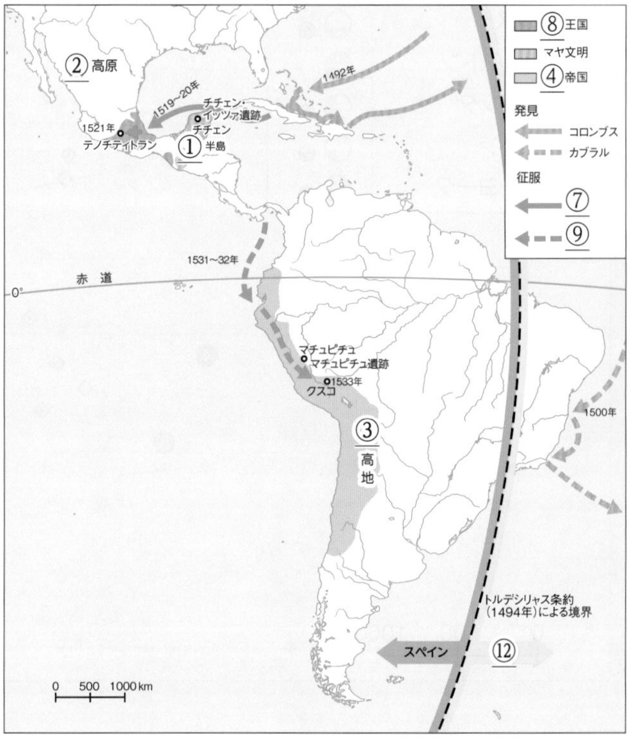

植民地支配と新たな生活文化

ラテンアメリカの植民地化

　：大半はスペインと⑫□□□□□□の植民地に

メキシコやペルー	カリブ海の島嶼や ブラジル大西洋岸
先住民を労働力とした⑬□の採掘や大規模農場（⑭□□□□□）の開発がおこなわれた。	⑮□□□□□栽培が盛んにおこなわれ，労働力不足は⑯□□□□人奴隷で補われた。

マラカイボ湖
リャノ
(d)＼＼＼
(e)高地
(f)＼＼＼
大西洋
赤道
ガラパゴス諸島
太平洋
マナオス
アマゾン
盆地
セルバ
A
リマ
クスコ
ラパス
ブラジリア
(g)高原
B
サルバドル
③
(h)砂漠
セラード
山
脈
(j)
(i)＼＼＼
(k)
フォークランド諸島
(マルビナス諸島)
マゼラン海峡

(a)湾
北回帰線
(b)諸島
20°
(c)海

南回帰線
0°

20°

40°

標高(m)
5000
4000
3000
2000
1000
500
200
0

0 500 1000km

120°   100°   80°   60°   40°   20°

カリフォルニア半島
②高原
メキシコシティ
①半島

Check & Work

❶ 地図上の a ～ k に対応する自然地名を線で結ぼう。

a・	・メキシコ
b・	・西インド
c・	・カリブ
d・	・オリノコ
e・	・アタカマ
f・	・ラプラタ
g・	・ギアナ
h・	・パタゴニア
i・	・アマゾン
j・	・ブラジル
k・	・パンパ

❷ 地形断面図①～③のうち，左図の A ⇒ B の断面を示したものを選んでみよう。

❸ 赤道を**赤**でなぞってみよう。

❹ 教科書巻頭⑥を見ながら，アンデス山脈以東における熱帯雨林気候＋熱帯モンスーン気候の範囲をおおまかに示してみよう。

❺ ブラジルの都市マナオスの雨温図の上にクスコの雨温図を重ねて描いてみよう。

❻ マナオスとクスコの共通点と相違点についてまとめた下の文章が正しい場合は○を，誤っている場合は×を [ ] に記入しよう。

[ ] 気温の年較差はいずれの都市も小さい。

[ ] いずれも南半球の都市。

[ ] 冬の時期に雨が多い。

[ ] 両都市の緯度の差はおよそ 10 度だが，標高差は数千 m あるため，年平均気温に 10 度以上の開きがある。

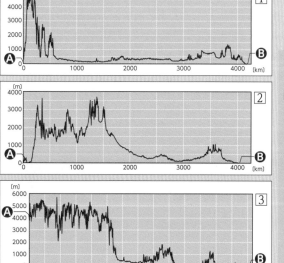

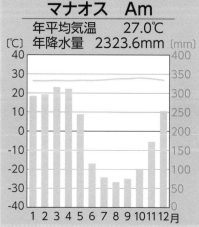

マナオス　Am
年平均気温　　27.0℃
年降水量　2323.6mm

① _____

② _____

③ _____

④ _____

⑤ _____

⑥ _____

⑦ _____

memo

② 独自のラテン系文化の形成

ヨーロッパの影響を受けた文化

16 世紀

　：中央アメリカと南アメリカのほとんどの地域が植民地化

　　　　　　　　　　　　　　　　　⇒①□□□□や②□□□□□の植民地

植民地と言語

①の植民地だった国々	現在も①語が公用語
③□□□□	②語が公用語
カリブ海の島々	④□語を主な言語とする国も

> ヨーロッパ系の言語とそのほかの言語が混成した⑤□□□□□言語を用いる人々もいる。

宗教の変容

　先住民への⑥□□□□教の布教が進められた

　　⇒自然崇拝や祖先崇拝を基盤とした土着の宗教は失われた

　　　⇒現在はほとんどの地域で⑥教（なかでも⑦□□□□□）が信仰される

> アンデス高地などでは独自の⑦信仰も展開され，褐色の肌の聖母や先住民の山岳信仰と⑥教文化が重なった祭祀が見られる地域もある。

多様な人種・民族と融合が進んだ文化

次の文章が正しい場合は〇を，誤っている場合は×を ［　］に記入しよう。

［　］メキシコやコロンビアでは，先住民とヨーロッパ人の両方を祖先にもつ人々であるメスチーソが多数を占めている。

［　］リオデジャネイロのカーニバルは，プロテスタントの宗教行事である謝肉祭に，ヨーロッパを起源とするサンバが加わって，熱狂的な歌と踊りが繰り広げられる。

［　］奴隷制度が廃止された19世紀以降は，労働力不足を補うため，イタリアやドイツなどのヨーロッパの国に加えて，日本からも多くの人々が移住した

Try▶ ラテンアメリカで多様な人種・民族の融合が進んだ理由について考え，自分の言葉でまとめてみよう。

1 ラテンアメリカの独立と旧宗主国

地図の凡例:
- □ 旧スペイン領
- ▨ 旧ポルトガル領
- 赤数字 各国の独立した年代
- □ 大コロンビア共和国（1821〜30）
- ▨ アメリカ領（米）
- ▨ イギリス領（英）
- ▨ オランダ領（蘭）
- ▨ フランス領（仏）

※図の国境線は独立当時のもの。

地図の国名と年代:
アメリカ合衆国
メキシコ湾
メキシコシティー 1821
メキシコ
ハイチ 1804
キューバ 1898
ドミニカ 1804（1844）
パナマ 1903
中央アメリカ連邦 1823〜39
カリブ海
ベネズエラ 1811
（英）（蘭）（仏領ギアナ）
コロンビア 1819
ボゴタ
エクアドル 1822
ブラジル 1822〜89帝国 1889共和国
ペルー 1821
リマ
ボリビア 1825
リオデジャネイロ
太平洋
チリ 1818
パラグアイ 1811
ウルグアイ 1828
ブエノスアイレス
アルゼンチン 1816
マゼラン海峡
大西洋

2 ラテンアメリカ諸国の人種構成と主な言語

地図の凡例:
- □ スペイン語
- □ ポルトガル語
- ▨ 英語
- ▨ フランス語
- ▨ オランダ語

地図の国名:
❺メキシコ
❼キューバ
❻コロンビア
❶ペルー
❷ボリビア
❽ブラジル
❹ウルグアイ
❸アルゼンチン

Work

❶主にスペイン語が用いられる国とポルトガル語が用いられる国をそれぞれ別の色で塗り分けてみよう（下図）。

❷地図や円グラフ，教科書の内容を読み取ってまとめた下の文章が正しい場合は○を，誤っている場合は×を［　］に記入しよう。

［　］植民地期のキューバにおけるアフリカ系の人々の流入が，現在の人口割合に反映されている。

［　］かつて古代文明が栄えていた国々では，他の国と比べて先住民人口が多い。

［　］距離的に，ヨーロッパに近い国ほど，ヨーロッパ系住民の割合が高く，先住民人口の割合が少ない。

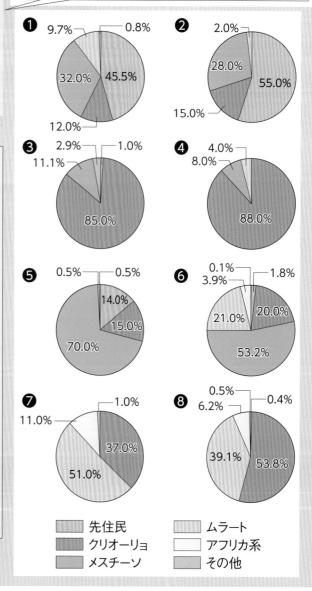

円グラフ:

❶ 45.5% / 0.8% / 9.7% / 32.0% / 12.0%

❷ 55.0% / 2.0% / 28.0% / 15.0%

❸ 85.0% / 1.0% / 2.9% / 11.1%

❹ 88.0% / 4.0% / 8.0%

❺ 70.0% / 0.5% / 0.5% / 14.0% / 15.0%

❻ 53.2% / 1.8% / 0.1% / 3.9% / 21.0% / 20.0%

❼ 37.0% / 1.0% / 11.0% / 51.0%

❽ 53.8% / 0.4% / 0.5% / 6.2% / 39.1%

凡例:
- ▨ 先住民
- ▨ クリオーリョ
- ▨ メスチーソ
- ▨ ムラート
- □ アフリカ系
- ▨ その他

③ 移民がもたらした大規模な農業

アンデスに残る先住民の農耕文化

① _____
② _____
③ _____
④ _____
⑤ _____
⑥ _____
⑦ _____

⑧ _____
⑨ _____
⑩ _____
⑪ _____
⑫ _____
⑬ _____
⑭ _____
⑮ _____
⑯ _____

memo

	主に栽培・飼育される農作物・家畜
プーナ（寒冷な高原）	①□□□や②□□□□□などの放牧
スニ（冷涼な高地）	③□□□□□
ケシュア（温暖な谷）	④□□□□□□
ユンガ（暑い谷）	⑤□□□や⑥□□□□

☑アンデス高地の標高差を利用した農牧業の展開

大土地所有制と大規模な農業

植民地時代

　：ヨーロッパからラテンアメリカへ⑦□□□□□□が導入

　　⇒輸出用の商品作物を栽培する大規模農業が展開

▉下の語群から適切な語句を選び，表を完成させよう。

中央アメリカや カリブ海の島々	コロンビア	アルゼンチン
⑧□□□や⑨□□□□□がプランテーションで栽培される。	アンデス山脈の斜面に広がる農園で⑩□□□□が生産される。	肥沃なパンパで⑪□□栽培や⑫□□が飼育される。
近年では…		
メキシコでは，アメリカ合衆国などへの輸出用として⑬□□□□や⑭□□□を生産。	コロンビアでは，アメリカ合衆国などへの輸出用として⑮□□□□□□□□などを生産。	チリやアルゼンチンでは，⑯□□□生産が発展し，世界中に輸出されている。

【語群：コーヒー，オリーブ，綿花，キウイ，ワイン，カーネーション，サトウキビ，アボカド，乳牛，肉牛，トマト，ブドウ，バナナ，ライ麦，小麦，カカオ】

ブラジルにおける農業の発展

次の文章が正しい場合は〇を，誤っている場合は×を ［ ］ に記入しよう。

［　］ ブラジルでは植民地時代，プランテーションでサトウキビが栽培され，砂糖に精製された後，ヨーロッパへ輸出された。

［　］ コーヒーは19世紀にアマゾン川流域で生産が拡大し，現在ブラジルは世界最大のコーヒーの生産国・輸出国となっている。

［　］ ブラジルでは1970年代以降，内陸部のセラードで農地開発が進み，穀物メジャーなどの支援を受け，世界でも屈指の大豆生産国となった。

［　］ ブラジルでは近年，バイオエタノールの原料として利用されるジャガイモの生産が拡大している。

［　］ ブラジルでは，農業の機械化の進展により仕事を失った多数の労働者が都市に流入し，ファベーラと呼ばれるスラムをつくり，都市問題が深刻化した。

各グラフが示す品目の組み合わせとして正しいものを選び，［ ］ に〇を記入しよう。

1
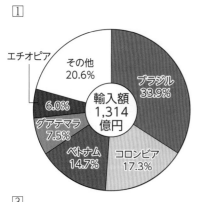

2
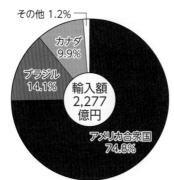

3
4
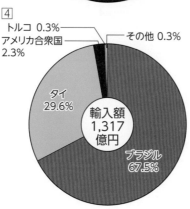

4 日本の主な輸入品目における国・地域別の割合

［　］ 1…コーヒー生豆　2…大豆　3…さけ・ます（魚）　4…鶏肉

［　］ 1…コーヒー生豆　2…鶏肉　3…さけ・ます（魚）　4…大豆

［　］ 1…コーヒー生豆　2…さけ・ます（魚）　3…鶏肉　4…大豆

［　］ 1…大豆　2…コーヒー生豆　3…鶏肉　4…さけ・ます（魚）

［　］ 1…大豆　2…さけ・ます（魚）　3…鶏肉　4…コーヒー生豆

［　］ 1…大豆　2…鶏肉　3…さけ・ます（魚）　4…コーヒー生豆

④ 移民が興した鉱工業とその発展

移民が開発をはじめた鉱産資源

メキシコ高原や アンデス山脈	メキシコ湾沿いや ベネズエラ	ブラジル高原
変動帯に位置するため，①□，②□，③□□などの非鉄金属が豊富。メキシコ・ペルー・チリは世界的な産出国。	埋蔵量の多い④□□地帯。コロンビアやエクアドルでも⑤□□が生産されている。	安定陸塊に属し，⑥□□□の生産量が多く，ブラジルは世界的な輸出国である。

⑦□□□□□□経済：国際価格の変動などに影響されやすく不安定

⇒ 20 世紀〜：国内産業を保護して育成する⑧□□□□□の工業化が多くの国で進展

①_____

②_____

③_____

④_____

⑤_____

⑥_____

⑦_____

⑧_____

0 500 1000 km

主な鉱産資源
◆ 鉄鉱石
◆ 銅
◆ すず
◇ 銀

Check & Work

❶ブラジルの国境線を**青線**でなぞってみよう。

❷教科書巻末⑨を見ながら，変動帯と安定陸塊の境界線をおおまかに**赤線**で示してみよう。

❸銅，すず，銀の産出地が集中している地域を○で囲んでみよう。

❹鉄鉱石の産出地が集中している地域を○で囲んでみよう。

❺輸出品目の割合を示した下の帯グラフはどの国をあらわした図だろうか。国名を記入してみよう。

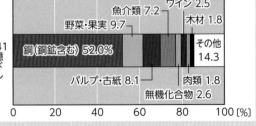

2020年

741億ドル

銅(銅鉱含む) 52.0%　野菜・果実 9.7　魚介類 7.2　ワイン 2.5　木材 1.8　その他 14.3

パルプ・古紙 8.1　無機化合物 2.6　肉類 1.8

0　20　40　60　80　100 [%]

移民が基盤を築いた近代工業

■各文が時系列順となるように，[ ]に番号をふってみよう。

[ ] モノカルチャー経済から脱却し，BRICS の一か国となった。

[ ] 積極的に外国資本を受け入れて，重工業が発達した。

[ ] 自動車や航空機などの工業製品が重要な輸出品となった。

[ ] 鉱産資源が豊富な地域に鉄鋼業や金属工業が集積した。

⑨ _____

⑩ _____

⑪ _____

_____

⑫ _____

経済発展の影響と統合に向けた動き

1980 年代～：ラテンアメリカの国々は，外国からの⑨□□が累積して経済が停滞

⇒⑧の工業化から国内市場の開放や⑩□□□□へと政策転換

1990 年代～：国際的な貿易自由化や経済のグローバル化が進展

⇒再び輸出に依存した経済成長が見られるようになった

memo

_____

_____

_____

_____

_____

経済統合の動き

⑪□□□□□□□	⑫□□□□□
アルゼンチン，ウルグアイ，パラグアイ，ブラジルによって 1995 年に発足。	2018 年にメキシコ，ペルー，チリが署名。他地域との経済的な結び付きが強まる。

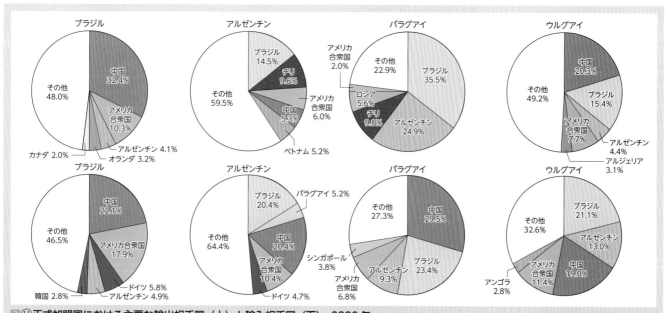

③⑪正式加盟国における主要な輸出相手国（上）と輸入相手国（下） 2020 年。

Check & Work

❶図を読み取ってまとめた右の文章が正しい場合は○を，誤っている場合は×を[ ]に記入しよう。

[ ] ブラジルにおける最大の輸出・輸入相手国はいずれも中国であるが，その他の３か国における最大の輸出・輸入相手国はいずれも⑪加盟国であり，そのなかでもブラジルの占める割合がもっとも高い。

1 歴史と自然環境

先住民の暮らしとヨーロッパ人の探検

ヨーロッパ人の到来以前のオーストラリア

　　：数万年前から①□□□□□と呼ばれる先住民が暮らしていた

　　　　⇒②□□□□に依存し，神話に基づく儀礼を中心とする生活を営んでいた

16 世紀	③□□□□人や④□□□□□人によるオセアニア地域の探検
17 世紀	⑤□□□□人が進出
18 世紀	⑥□□□□人やフランス人が進出

ニュージーランドとオセアニアの島々

ニュージーランド

～ 14 世紀	ポリネシア系の⑦□□□□が移住していた
1840 年	⑦と条約を結んだ⑥の支配下に入る
	⇒その後，ニュージーランドは⑥との結び付きを強める
	⇒近年は，アジア太平洋地域との関係を深めている

オーストラリアの発展

1788 年：⑥が⑧□□□□を拠点に入植を開始

　　　　⇒19 世紀なかばの⑨□□□□□□□□を経て人口が急増した

　　　　⇒⑧とメルボルンの中間に位置する⑩□□□□□が首都に

第二次世界大戦後

　　：地下資源開発のため外国からの資金と労働力が必要となった

　　　　⇒白人中心の国家建設をめざす⑪□□□□から⑫□□□□□に転換

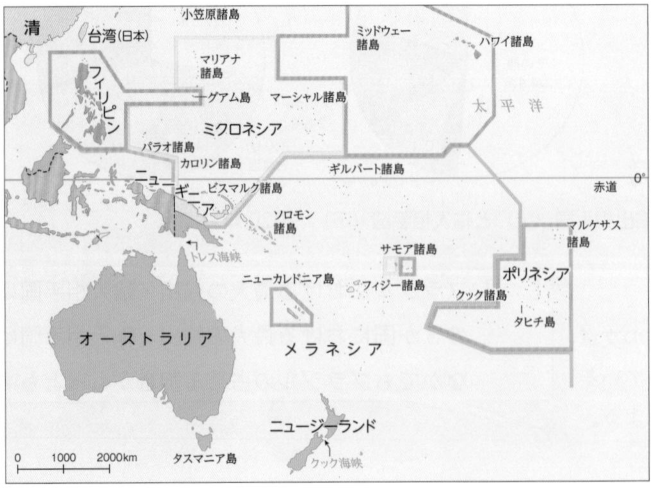

■それぞれの凡例に対応
する語句を線で結ぼう。

▨ ・	・オランダ領
▨ ・	・フランス領
▨ ・	・アメリカ領
▨ ・	・イギリス領
▨ ・	・ドイツ領

①
②
③
④
⑤
⑥
⑦
⑧
⑨
⑩
⑪
⑫

memo

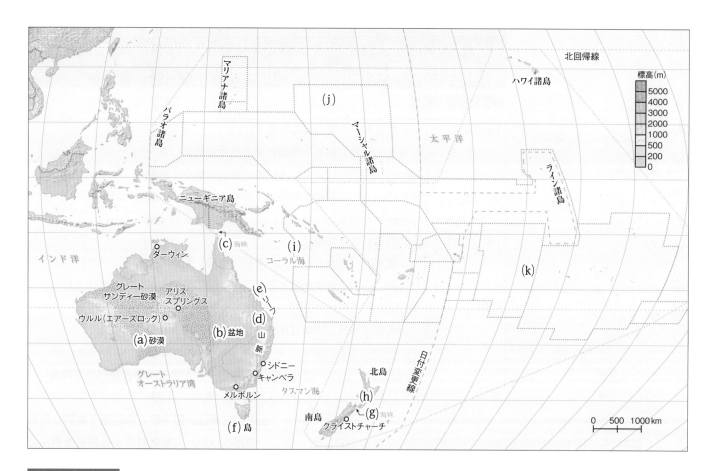

Check & Work

❶地図上の a～k に対応する国名・自然地名・地域名を線で結ぼう。

a・	・タスマニア
b・	・グレートディヴァイディング
c・	・グレートバリア
d・	・グレートアーテジアン
e・	・グレートヴィクトリア
f・	・トレス
g・	・クック
h・	・ニュージーランド
i・	・ミクロネシア
j・	・メラネシア
k・	・ポリネシア

❷赤道と南回帰線を**赤線**でなぞってみよう。

❸180度の経線を**青線**でなぞってみよう。

❹教科書巻頭⑥を見て，乾燥帯気候（BS＋BW）の範囲をおおまかに示してみよう。

❺下の2つの雨温図のうち，オーストラリア北部地域の気候をあらわしたものを選んでみよう。

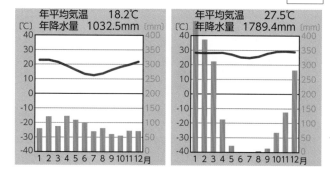

❻写真の風景が見られる場所と関係の深いものを a～k から1つ選んでみよう。

② 先住民と移民による多文化社会

多文化社会の形成

18世紀末	イギリス人の入植がはじまる
	⇒イギリスの制度を基盤とする社会が形成
	⇒①□□□□により白人以外の移民が厳しく制限
第二次	移民に②□□の試験が義務付けられるなどの同化主義的政策
世界大戦後	⇒移民の増加はのちの③□□□□□の発展の基盤に
1970年代～	①的政策が徐々に廃止
	⇒東南アジアからの移民が増加【背景】距離の近さ
	⇒④□□□□戦争で生じた⑤□□□□難民の積極的な受け入れ
近年	⑥□□からの移民が急増
	⇒大都市郊外に⑥系住民の集住地域が形成されつつある
	⑦□□□□□の政策
	⇒⑧□□□□□の文化保全にも注力（例：先住民の言語による教育）

（左余白）
①＿＿＿＿＿＿
②＿＿＿＿＿＿
③＿＿＿＿＿＿
④＿＿＿＿＿＿
⑤＿＿＿＿＿＿
⑥＿＿＿＿＿＿
⑦＿＿＿＿＿＿
⑧＿＿＿＿＿＿
⑨＿＿＿＿＿＿
⑩＿＿＿＿＿＿

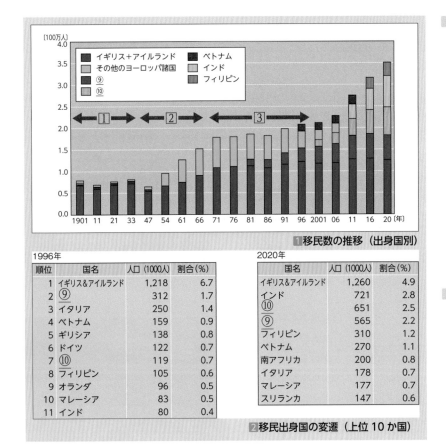

❶移民数の推移（出身国別）

1996年			
順位	国名	人口（1000人）	割合（%）
1	イギリス&アイルランド	1,218	6.7
2	⑨	312	1.7
3	イタリア	250	1.4
4	ベトナム	159	0.9
5	ギリシア	138	0.8
6	ドイツ	122	0.7
7	⑩	119	0.7
8	フィリピン	105	0.6
9	オランダ	96	0.5
10	マレーシア	83	0.5
11	インド	80	0.4

2020年		
国名	人口（1000人）	割合（%）
イギリス&アイルランド	1,260	4.9
インド	721	2.8
⑩	651	2.5
⑨	565	2.2
フィリピン	310	1.2
ベトナム	270	1.1
南アフリカ	200	0.8
イタリア	178	0.7
マレーシア	177	0.7
スリランカ	147	0.6

❷移民出身国の変遷（上位10か国）

■ **次の文章は，図中のどの時期を説明したものだろうか。文章と対応する番号を選んで[　]に記入してみよう。**

[　] 白豪主義が廃止され，アジア地域からの移民が増加した時期。

[　] イタリアやギリシア，さらには大戦によって多くの難民が発生した非英語圏のヨーロッパ諸国からの移民を受け入れた時期。

[　] 白人以外の移民が厳しく制限された時期。

■ **左図の空欄にあてはまる国名を下の語群から選んでみよう。**

中国
韓国
イタリア
フランス
ニュージーランド

③ 移民による島嶼の生活文化の変化

ニュージーランドの産業と文化

主要産業

　：①□□（バターの生産量は世界有数の規模）

　：牧羊　（②□□はオーストラリアに次ぐ規模の輸出国）

1970年代～

　都市化の進行　⇒果樹栽培が盛んに（りんご・なし・ブドウ・③□□□□□□□など）

言語・文化

　：現在は，先住民④□□□語が⑤□□とならんで公用語となっている

オセアニアの島々の経済と生活／日本とのかかわり

■次の文章が正しい場合は〇を，誤っている場合は×を［　］に記入しよう。

［　］オセアニアの国々は主要国と物理的に離れており，国土が小さく経済的基盤が脆弱で，支援を要する国も多い。

［　］ニューカレドニアやイギリス領ポリネシアのタヒチなどでは，観光業が重要な産業となっている。

［　］ニュージーランドは日本とワーキングホリデーの協定を結んでおり，日本にとって身近な国の一つである。

［　］第二次世界大戦で激戦地となったミクロネシアの島々へは，国際協力機構(JICA)を中心に諸分野で支援が進められている。

Try　移民社会において先住民が直面する課題について調べ，その解決策を，自分の言葉でまとめてみよう。

①
②
③
④
⑤
memo

① _____

② _____

③ _____

④ _____

⑤ _____

⑥ _____

⑦ _____

⑧ _____

memo

④ 多文化社会における生産活動と経済統合

国際競争力の高い農業

主要な輸出品

牛肉：世界有数の輸出国

：オーストラリア産の牛肉は①□□□□ビーフと呼ばれている

：近年，肉牛の多くが大規模かつ企業的な②□□□□□□で③□□により肥育

②は③の生産が可能な東部沿岸地域に立地する傾向がある。

羊毛・小麦：世界有数の生産国（羊毛の輸出量は世界一）

東部沿岸地域の大都市近郊における農業

：野菜や果樹の栽培と④□□

稲作

：水を効率的に利用した稲作

：近年，輸出量に加えてオーストラリア国内での消費量も増加

【背景】米食を好む⑤□□□系移民の増加や⑥□□□□ブームに加え，健康志向の高まりや小麦アレルギー対策として注目される。

豊富な資源と貿易・経済統合

鉱産資源の輸出

：⑦□□□やボーキサイトなど（世界最大の産出国＋世界有数の輸出国）

：資源の多くは輸出される 【背景】国内の市場が限られるため

採掘の進展と変容

当時：⑧□□□の文化遺産が分布する地域で採掘が優先的に進められた

現在：資源企業に⑧の文化尊重や良好な関係の構築が期待されている

次の文章が正しい場合は〇を，誤っている場合は×を［ ］に記入しよう。

［ ］ イギリスがECに加盟した1970年代以降，オーストラリアはアジア太平洋諸国との結び付きをさらに強めた。

［ ］ 第二次世界大戦後，鉄鉱石や牛肉の輸出がきっかけとなって，日本との経済関係が強化されはじめた。

［ ］ 1990年時点におけるオーストラリア最大の輸出相手国は日本であり，およそ30年経った2020年時点でも，日本が最大の輸出相手国となっている。

［ ］ オーストラリアはアジア太平洋経済協力会議（APEC）に参加している。

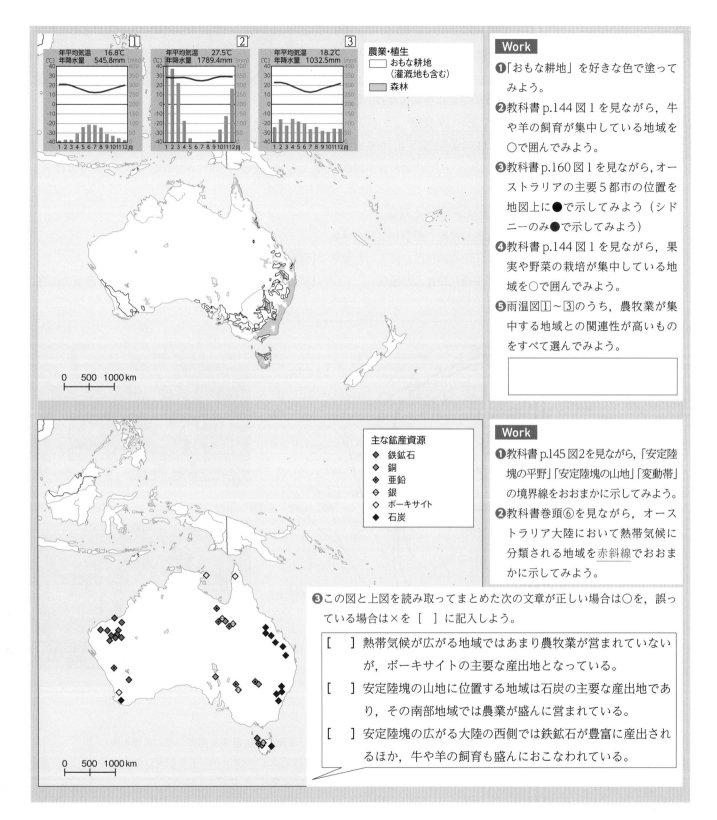

年平均気温　16.8℃　年降水量 545.8mm　①
年平均気温　27.5℃　年降水量 1789.4mm　②
年平均気温　18.2℃　年降水量 1032.5mm　③

農業・植生
□ おもな耕地（灌漑地も含む）
▨ 森林

0　500　1000 km

主な鉱産資源
◆ 鉄鉱石
◇ 銅
◆ 亜鉛
◇ 銀
◇ ボーキサイト
◆ 石炭

0　500　1000 km

Work

❶「おもな耕地」を好きな色で塗ってみよう。

❷教科書 p.144 図 1 を見ながら，牛や羊の飼育が集中している地域を○で囲んでみよう。

❸教科書 p.160 図 1 を見ながら，オーストラリアの主要 5 都市の位置を地図上に●で示してみよう（シドニーのみ●で示してみよう）

❹教科書 p.144 図 1 を見ながら，果実や野菜の栽培が集中している地域を○で囲んでみよう。

❺雨温図①〜③のうち，農牧業が集中する地域との関連性が高いものをすべて選んでみよう。

Work

❶教科書 p.145 図 2 を見ながら，「安定陸塊の平野」「安定陸塊の山地」「変動帯」の境界線をおおまかに示してみよう。

❷教科書巻頭⑥を見ながら，オーストラリア大陸において熱帯気候に分類される地域を赤斜線でおおまかに示してみよう。

❸この図と上図を読み取ってまとめた次の文章が正しい場合は○を，誤っている場合は×を［　］に記入しよう。

［　］熱帯気候が広がる地域ではあまり農牧業が営まれていないが，ボーキサイトの主要な産出地となっている。

［　］安定陸塊の山地に位置する地域は石炭の主要な産出地であり，その南部地域では農業が盛んに営まれている。

［　］安定陸塊の広がる大陸の西側では鉄鉱石が豊富に産出されるほか，牛や羊の飼育も盛んにおこなわれている。

memo

Plus Ultra〉グループ5のまとめ

①＿＿＿＿＿＿＿＿＿＿

②＿＿＿＿＿＿＿＿＿＿

③＿＿＿＿＿＿＿＿＿＿

④＿＿＿＿＿＿＿＿＿＿

memo

移民の歴史と多文化社会の形成

16世紀〜19世紀

：主に①□□□□□から世界各地に多くの移民が入植

：②□□□□によって多数の③□□□□系住民が，北アメリカとラテンアメリカに

生活文化の共存と対立

文化的な摩擦や衝突が生じた地域

：①からの移民が流入した地域　【背景】①系移民が主流となる社会の形成

：多様化が進んだ地域　　　　　【背景】異なる④□□□や生活習慣をもつ移民の混在

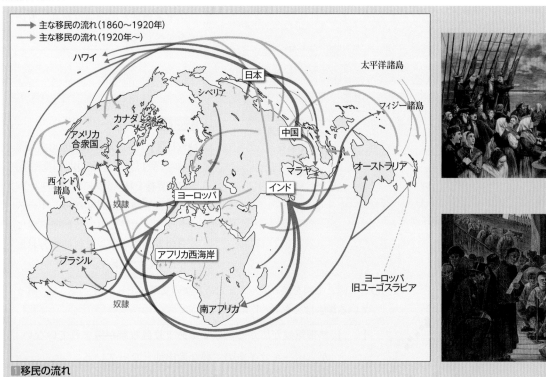

■1 移民の流れ

Work

❶主な移民の流れ（1920年〜）に該当する矢印を赤でなぞってみよう。

❷絵画AとBはそれぞれアメリカ合衆国（当時）の西海岸に位置する都市と東海岸に位置する都市の港の風景を描いたものである。「西海岸に位置する港を描いた絵画」はどちらだろうか。右の□にアルファベットを記入しよう。

❷地図を読み取ってまとめた下の文章が正しい場合は○を，誤っている場合は×を［　］に記入しよう。

［　］　インド発の移民の目的地は，「各地の島嶼部およびアフリカ大陸」から「ヨーロッパ」へと移り変わった。

［　］　北アメリカへの移民の出身地は，「ヨーロッパや中国など」から「中米諸国や中国，インドなど」に移り変わった。

［　］　オセアニア地域への主な移民の出身地は，「ヨーロッパ」から「アジア諸国」に移り変わった。

［　］　移民を送り出す側だった日本とアフリカは，1920年以降，移民を受け入れる側となっている。

グローバル化と生活文化

生活文化の変化

⑤□□□：世界各地の生活文化が似たようになること

⑥□□□：世界各地の文化が融合したり，新しい文化が誕生したりすること

【背景】モノや人が活発に地域間を往来するようになったこと

情報通信技術（ICT）の発展による世界規模での情報共有の進展

➡インターネットや⑦□□□□□□□□の普及

⑤ _____
⑥ _____
⑦ _____
memo

> **Check** 教科書 p.148 の写真１〜３に関連する内容を調べてまとめた次の文章が正しい場合は○を，誤っている場合は×を ［　］に記入しよう。
>
> ［　］日本ではじまった漫画, アニメ, ゲームのキャラクターにふん装するコスプレは, 世界各地に広がったが, その中で標準となる様式が形成され, 画一化している。
>
> ［　］世界各地に進出した有名ハンバーガーチェーン店は食生活の画一化をもたらす象徴的な事例であると同時に, 現地の食習慣に応じて新しいメニューが考案・提供されている点などを踏まえると, 文化融合の象徴的な事例でもある。
>
> ［　］世界に広がった日本の生活文化の代表例である漫画「ドラえもん」は, あくまでも原作に忠実であるべきとの考え方から, 「日本の文化そのものとして受け入れられる国」でしか翻訳されていない。

導入
memo

振り返り
memo

1 人口問題の展開と対策

人口問題の歴史と人口増加による問題

世界の人口

：19世紀以降，急激に増加

⇒現在では80億人に達しようとしている

⇒この人口増加は①□□□□と呼ばれる

②□□□□□□□□からはじまり，第二次世界大戦後は③□□□□□で顕著に生じている。

①がおきる前までは…

：出生率と死亡率がともに高い④□□□□□の社会形態

：人口の増加は緩やかだった

経済が発展して人々の生活環境が改善されると…

：高い⑤□□□のまま⑥□□□が低下

：⑦□□□□□の社会となって，人口が急増。

人口問題への国際的な取り組み

1974年	⑧□□□□□□□□
	⇒人口問題が世界各国で認識され，途上国で人口抑制がめざされた
1994年	⑨□□□□・□□□□
	⇒エジプトの⑩□□□で開催
	⇒⑪□□□□□□□□□□□ - □□□を尊重することの重要性が示された
	＝妊娠・出産・避妊などに関する女性の自己決定権

■ **次の文章が正しい場合は○を，誤っている場合は×を［　］に記入しよう。**

［　］1979年に中国で実施された一人っ子政策は，多産少子社会への急激な移行をもたらした。

［　］一人っ子政策は，年齢別・性別の人口バランスを崩すこととなった。

［　］一人っ子政策は，中国社会の高齢化を急速に進行させる原因となったが，条件付きでまだ実施されている。

①

②

③

④

⑤

⑥

⑦

⑧

⑨

⑩

⑪

導入
memo

人口の変化率(%)
(2015～2020年)

- +2～4%
- +1～2%
- +0～1%
- 0%以下
- データなし

Check & Work

❶人口変化率が＋2～4%の地域を**赤**で，0%以下の地域を**青**で塗ってみよう。

❷上図と教科書 p.152 の図1を読み取ってまとめた右の文章が正しい場合は○を，誤っている場合は×を［　］に記入しよう。

［　］2015年時点で，世界に占める人口数が最も多い地域はアジアである。

［　］世界に占める人口数が多いアジアの人口増加率は，ほかの地域と比べて顕著に高い。

Try 次の文章のうち，テーマと合致していないものと，内容が誤っているものを1つずつ選んでみよう。

テーマ：人口増加の問題を解決するための取り組み

［　］強制的に出生数を抑制する対策ではなく，個人の意思や身体の自由についての権利を守る考え方がめざされるようになった。

［　］人口増加の安定化に向け，子どもの教育や貧困対策など社会的な観点も含めた包括的な取り組みが進められている。

［　］現在，死亡率の抑制を動機付けるため，乳幼児の医療を充実させたり，貧困層への経済的な支援を実施したりしている。

［　］男性に対する教育や啓蒙活動が積極的におこなわれ，人口抑制に向けた家族計画を適切に受け入れられるようにしている。

［　］男女平等や女性の地位向上を実現し，女性のより一層の社会参画に向けた支援が求められている。

memo

① _____

② _____

③ _____

④ _____

⑤ _____

⑥ _____

⑦ _____

⑧ _____

⑨ _____

⑩ _____

⑪ _____

⑫ _____

memo

....

....

....

....

....

....

....

....

② アンバランスな人口分布

先進国における人口問題とその背景

①□□□：生まれてくる子どもの数が減少する問題

　　背景：人々のライフスタイルの変化による②□□□（結婚年齢が遅くなること）や

　　　　　③□□□（結婚を選択しないこと）の進展など

④□□□：人口に占める老年人口の割合が増加する問題

　　背景：⑤□□技術の進歩や生活環境の改善による⑥□□□□の延伸

　　　　：①の同時進行も影響（人口に占める老年人口の割合が結果として増加する）

少子高齢化にともなう課題

⑦□□□□人口（15歳～64歳人口）の減少

　　⇒⑧□□□（働き手）の減少にともなう経済成長の減退

　　⇒地域の担い手不足にともなう住民サービスの劣化

65歳以上の老年人口の増加

　　⇒医療や介護の需要増にともなう⑨□□□□□（年金含む）の増大

スウェーデンにおける人口問題と取り組み

少子化対策：⑩□□的，⑪□□的に子育てを支援する政策

　【例】充実した子ども手当，使いやすい保育所の整備，育児休暇の取得促進

　　　　性別に関係なく，父母で仕事や子育て，家事をおこなう環境づくり

　　　　⇒高福祉を実現するための税負担も高い（＝⑫□□□・□□□の社会）

　日本の人口問題についてまとめられた次の文章が正しい場合は〇を，誤っている場合は×を［　］に記入しよう。

［　］日本は，2020年に超高齢社会に突入した。

［　］日本が高齢化社会から超高齢化社会に変化したスピードは他国を大きく上回る。

［　］日本の人口問題への取組みとして，外国人を受け入れることは，全く考えられない。

Try▶ P.155のコラムを読んだうえで，日本の少子高齢化の問題の解決策を考え，自分の言葉でまとめてみよう。

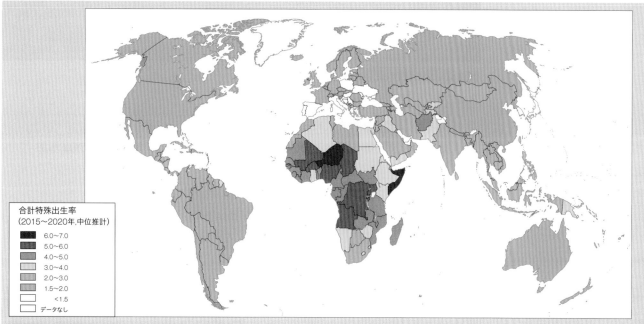

1 世界の合計特殊出生率 2015-2020 年

2 世界の高齢化率 2020 年。

Check & Work

❶合計特殊出生率が 1.5 未満の国を
　黒で塗ってみよう。

❷65 歳 以 上 の 人 口 割 合 が 25 ～
　30%の国を黒で塗ってみよう。

❸2 つの図と教科書 p.43 図 3 を見
　ながらまとめた右の文章が正しい
　場合は〇を，誤っている場合は×
　を [ ] に記入しよう。

[　] アフリカ諸国における合計特殊出生率は他の地域と比べて高いが，1 人あ
　　　 たり GNI と高齢化率は低い。

[　] 合計特殊出生率が特に低い国や地域は，日本，韓国とヨーロッパであり，
　　　 いずれの国や地域も高齢化率が極めて高く，1 人あたり GNI も高い。

[　] アメリカ合衆国とオーストラリアは 1 人あたり GNI と合計特殊出生率が
　　　 高く，反対に高齢化率は低いことが読み取れる。

[　] 中国は合計特殊出生率が低いが高齢化率は高くないので，将来，高齢化が
　　　 進む可能性はきわめて低い。

③ 食料問題

発展途上国の食料問題

食料の①□□が課題

食料の供給	第二次世界大戦後
	⇒多収量品種の導入を中心とした②□□□□などで，生産が増加
食料の需要	③□□の増加
	⇒需要が増加して食料の需給バランスが崩れる
	⇒食料不足に直面する人びとは特定の層に限定される
	【例】小規模な農業をおこなう貧しい農民
	・肥料や機械などの④□□□□ができず生産性の低い農業
	・⑤□□が発生している地域と重なるケースが多い
	・⑥□□□や多雨など，気候変動に関する自然災害の影響も

先進国の食料問題

食料供給の過剰（ゆきすぎ）が課題

【背景】食事の⑦□□□□志向や⑧□□□□□□の発達による多様な食生活

　　　　⇒捨てられる食料（⑨□□□□□）の発生

【背景】必要以上のエネルギーを摂取する⑩□□や肉食中心の食生活に変化

　　　　⇒⑪□□による生活習慣病の増加

①　_____
②　_____
③　_____
④　_____
⑤　_____
⑥　_____
⑦　_____
⑧　_____
⑨　_____
⑩　_____
⑪　_____

memo

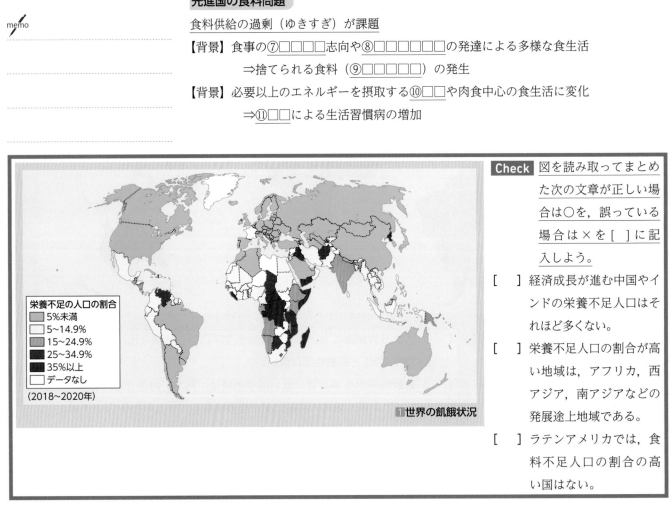

栄養不足の人口の割合
- 5%未満
- 5〜14.9%
- 15〜24.9%
- 25〜34.9%
- 35%以上
- データなし

(2018〜2020年)

■世界の飢餓状況

Check 図を読み取ってまとめた次の文章が正しい場合は○を，誤っている場合は×を [　] に記入しよう。

[　] 経済成長が進む中国やインドの栄養不足人口はそれほど多くない。

[　] 栄養不足人口の割合が高い地域は，アフリカ，西アジア，南アジアなどの発展途上地域である。

[　] ラテンアメリカでは，食料不足人口の割合の高い国はない。

不公平な食料配分

食料配分の不公平とその背景をまとめよう。

▶経済的な格差が食料配分の不公平をもたらす

豊かな⑫□□□

⇒優先的に食料を確保できるほか，次のような現象がおこっている。

・⑬□□□□□とよばれる多国籍企業が，食料の生産，
加工，流通などのさまざまな局面で支配的。

・穀物などの主要食料が，⑭□□の対象とされる。

貧しい⑮□□□□□

⇒輸出用の⑯□□□□の栽培が優先され，必要な食料を確保できない。

→食料価格の上昇や外貨不足のため，十分な食料の購入がむずかしい。

▶農作物の用途の変化

・家畜の⑰□□として用いられるトウモロコシの需要増加

【背景】⑱□□の消費の増加にともなう家畜の生産増加

・⑲□□□□□として用いられるトウモロコシや大豆の需要増加

【背景】地球温暖化防止のため，植物由来の燃料が求められている

国際社会による取り組み

国際機関の取り組み

⇒⑳□□□□などの国際機関が中心となって，課題に取り組む

⇒飢餓問題への対応や，緊急の食料㉑□□などをおこなう

⇒発展途上国に㉒□□を融資（⇒食料の増産や農村の生活水準の改善を促す）

日本政府の取り組み：国際機関への資金の拠出や人材の派遣

⇒㉓□□□□達成の一環として，途上国の食料問題にアプローチ

⇒政府開発援助（㉔□□□）の推進

⇒㉕□□□□を通じた支援（資金・技術・人材面での支援）

【例】乾燥に強いアフリカ米と多収量のアジア米を交配させた㉖□□□□の普及

→食料増産への貢献，輸入米に対する生産国の競争力強化

民間での取り組み

：非営利組織（㉗□□□）や非政府組織（㉘□□□）など

【例】㉙□□□□□□…価格が低く，不安定になりがちな発展途上国の商品を
適正な価格で継続的に取り引きするしくみ

⑫

⑬

⑭

⑮

⑯

⑰

⑱

⑲

⑳

㉑

㉒

㉓

㉔

㉕

㉖

㉗

㉘

㉙

memo

4 都市・居住問題

発展途上国における都市問題

急速な都市化

：途上国の経済成長により，①□□機会を求めて②□□から③□□に大量の人口が移動

　⇒④□□□□（プライメートシティ）への人口流入

　　【影響】⑤□□汚染や⑥□□汚濁，交通⑦□□など，生活環境の悪化

居住をめぐる課題

：途上国の大都市は，十分な雇用機会がない

　⇒都市に人口が集中すると，低所得の生活を強いられる住民が増加

　⇒居住に適さない⑧□□や⑨□□□に，不良住宅地域（⑩□□□）が形成

居住環境の改善にむけた取り組み

：主体は NGO や地域住民

：貧困の連鎖を防ぐための活動など

　【例】⑩への学校建設による⑫□□環境の改善

> 上下水道や公共サービスが整備されていない⑩では，⑪□□□などの健康被害を受けやすい。

先進国における都市問題

都市の成熟による都市構造の変化

Ａ 都心の地価高騰 （日本）	都心で人口が減少 　⇒郊外で人口が増加する⑬□□□□□□□
Ｂ 都心の荒廃 （アメリカ合衆国）	富裕層が，建物の老朽化した都心から住環境のよい郊外に移動 　⇒都心周辺に貧困層が滞留する⑭□□□□□□□□
Ｃ 都市域の拡大 （先進国共通）	都市の拡大 　⇒無秩序に都市域が拡大する⑮□□□□□□□。

改善にむけた取り組み

Ａ・Ｂ：インナーシティによる大規模な⑯□□□事業（オフィスや住宅地の整備）

　　⇒人口の都心回帰を促す

　　⇒⑰□□□□□□□□□□□（高所得者層の都心回帰）もみられる

　Ｃ ：⑱□□□□□□□□の建設を推進（都市機能の集約化）

　　⇒結果的に住居と職場が近くなるような都市づくり

：都市の公共交通機関の再整備

　　⇒⑲□□□□□□□□□などにより，自動車の都市流入を制限

　　⇒ IT 技術でエネルギー消費を効率化した都市である⑳□□□□□□□の実現

① _____
② _____
③ _____
④ _____
⑤ _____
⑥ _____
⑦ _____
⑧ _____
⑨ _____
⑩ _____
⑪ _____
⑫ _____
⑬ _____
⑭ _____
⑮ _____
⑯ _____
⑰ _____
⑱ _____
⑲ _____
⑳ _____

memo

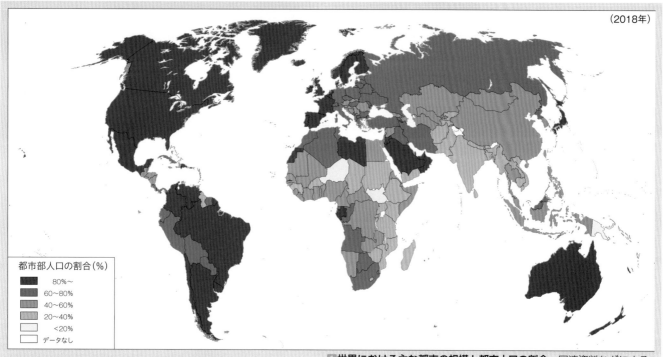

(2018年)

都市部人口の割合(%)
- 80%〜
- 60〜80%
- 40〜60%
- 20〜40%
- <20%
- データなし

■世界における主な都市の規模と都市人口の割合　国連資料などによる。

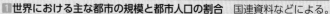

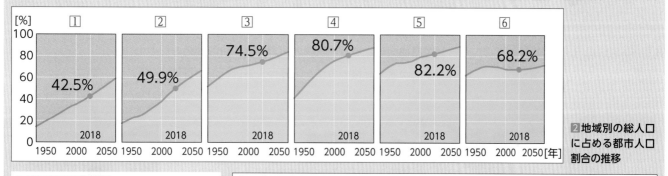

❷地域別の総人口に占める都市人口割合の推移

Check & Work

❶教科書 p.160 図 1 を見ながら，都市の規模が 1000 万人をこえる都市ないしは都市圏を○（黒丸）で示してみよう。

❷図■も参考にしながら，図❷の①〜⑥に対応する地域名を線で結んでみよう。

1・	・ラテンアメリカ
2・	・アフリカ
3・	・オセアニア
4・	・北アメリカ
5・	・アジア
6・	・ヨーロッパ

❸図を読み取ってまとめた右の文章が正しい場合は○を，誤っている場合は×を［　］に記入しよう。

［　］都市部人口の割合は，国土面積が大きい国ほど高い傾向がある。

［　］人口 1000 万人以上の都市は，東アジアから南アジアにかけて広がるモンスーンアジアに数多くみられる。

［　］南北アメリカやアフリカは内陸から開発が進んだので，沿岸部に大都市はみられない。

［　］ヨーロッパや北アメリカなどの先進地域は，すでに 1950 年の段階で都市人口割合が高かった。

［　］2050 年のアジア・アフリカでの都市人口割合は他の地域に比べて低いため，これらの地域での都市人口はそれほど多くはならない。

［　］アフリカの総人口に占める都市人口割合は，2000 年から 2018 年にかけて急激に増加しており，この期間における上昇率は，6 地域のなかでもっとも高い。

5 エネルギー資源

エネルギー資源の開発と化石燃料

① ＿＿＿＿＿＿＿

② ＿＿＿＿＿＿＿

③ ＿＿＿＿＿＿＿

④ ＿＿＿＿＿＿＿

⑤ ＿＿＿＿＿＿＿

⑥ ＿＿＿＿＿＿＿

⑦ ＿＿＿＿＿＿＿

⑧ ＿＿＿＿＿＿＿

memo

エネルギー源の移り変わり

18世紀後半～ ：①□□を動力源とした産業革命が進行

20世紀～ 　　：②□□が動力源の中心となる（⇒③□□□□□□が進行）

②の特徴	液体で④□□に便利。⑤□□□が高く，費用対効果が大きい。 資源が一部の地域に偏在。油田開発に巨額の資金や技術が必要。 加工が容易（さまざまな製品の原料）

②の動向

　：欧米の巨大資本である⑥□□□□□□

　　　　　　　⇒西アジアのペルシャ湾沿岸で，油田開発

　　　　　　　⇒石油権益を獲得し，安価な石油を供給

1960年代～

　：先進国では安価な石油を大量に消費し，工業生産拡大

　　⇒石油資源を自国で管理しようとする⑦□□□□□□□□□の台頭

　　⇒産油国による石油資源の国有化（⇒資源価格の引き上げ）

　　⇒原油価格の急激な上昇⇒先進国経済に打撃（⑧□□□□）

■1人あたり一次エネルギー消費量　2018年。

1人あたり一次エネルギー
消費量（石油換算トン／人）
多い　5.0～
↓　　1.0～5.0
少ない　<1.0
データなし

■2世界の石油生産量の国別割合　2021年。

8,988万
バーレル／日

その他 34.0%
サウジアラビア 12.2%
イラク 4.6%
アラブ首長国連邦 4.1%
イラン 4.0%
クウェート 3.0%
カタール 1.9%
その他の加盟国 5.5%
アメリカ合衆国 18.5%
ロシア 12.2%

■□ OPEC加盟国

Check & Work

❶図1を読み取ってまとめた右の文章が正しい場合は〇を，誤っている場合は×を［ ］に記入しよう。

❷図2を見て，石油生産量の多い国（2021年）をまとめてみよう。

［　］1人あたり一次エネルギー消費量の少ない国は，アフリカや南アジアの発展途上国を中心に広がっている。

［　］アメリカ合衆国だけでなく，ヨーロッパや日本など，すべての先進国で1人あたり一次エネルギー消費量は極めて多い。

［　］サウジアラビアなどの西アジア諸国やロシア，ノルウェーなど，石油を産出する国では，1人あたり一次エネルギー消費量は多い傾向がある。

【生産上位5か国】

1 ［　　　　］

2 ［　　　　］

2 ［　　　　］

3 ［　　　　］

4 ［　　　　］

※2位は順不同でOK

新たなエネルギー資源の開発

代替エネルギーの開発（先進国中心）

：発電時に二酸化炭素を排出しない⑨□□□□□など

【課題】核廃棄物の管理，事故がおきた場合の長期かつ広範囲の汚染など

── ⑩□□□□□□□：スリーマイル島原発の事故

── ⑪□□□：チョルノービル原発の事故

── ⑫□□：福島第一原発（東京電力）の事故

新しい化石燃料の開発

：⑬□□□□（単位エネルギーあたりの二酸化炭素排出量が少ない）

⇒採掘技術の向上によって⑭□□□□□□の採掘が可能に（アメリカ合衆国など）

⑨ _____

⑩ _____

⑪ _____

⑫ _____

⑬ _____

⑭ _____

⑮ _____

memo

_____

_____

_____

_____

_____

_____

再生可能エネルギーとは／再生可能エネルギーの利用と課題

■ 次の文章が正しい場合は〇を，誤っている場合は×を ［ ］ に記入しよう。

［　］再生可能なエネルギー源を利用した発電にさいしては，多額の初期費用がかかるほか，高い技術も要求されるため，主に先進国で導入が進められている。

［　］再生可能なエネルギー源を利用した発電は自然条件の影響を大きく受けるため，出力が不安定であり，安定供給が難しい。

［　］バイオマス発電の増加によって，食料価格が上昇する可能性がある。

循環型社会の構築に向けて

環境に配慮したまちづくり：⑮□□□□□□□の建設など

資源の回収と再利用：スマートフォンなどの電子廃棄物から希少資源を回収して再利用

バイオマス燃料の利用拡大：利用の前後で環境中の炭素量が変わらない

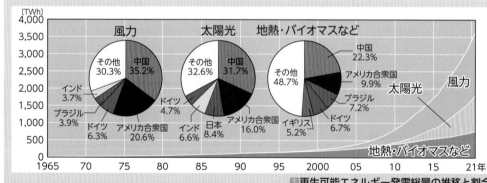

■再生可能エネルギー発電総量の推移と割合

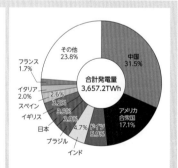

❷世界の再生可能エネルギーの総発電量に占める上位10か国の割合 2021年。

■ 図1・2と教科書内容を読み取ってまとめた次の文章が正しい場合は〇を，誤っている場合は×を［　］に記入しよう。

［　］世界で最も発電量が多いのは風力発電であり，日本で最も発電量が多いのは太陽光発電である。

［　］上位10か国（図2）のうち，現EU加盟国が占める割合（合計）は中国に次いで第二位である。

［　］ドイツは，国土面積の大きさを背景に再生可能エネルギーの発電設備を大量に設置したため，「風力」「太陽光」「地熱・バイオマスなど」による発電量がいずれも世界の上位を占めている。

①_____
②_____
③_____
④_____
⑤_____
⑥_____
⑦_____
⑧_____
⑨_____
⑩_____

memo

6 地球環境問題

地球温暖化の発生とその要因

地球温暖化：地球規模での①□□□□□とそれにともなう環境の変化

　　　　　【主な原因】②□□□□ガス（③□□□□□やメタンガスなど）の濃度上昇

③の濃度上昇の背景

　：産業革命以降，④□□□□（石炭や石油など）を大量に消費・燃焼したこと

　：光合成によって大気中の③を吸収する役割がある⑤□□を大量伐採したこと

地球温暖化の影響

次の文章が正しい場合は〇を，誤っている場合は×を［　］に記入しよう。

［　］大雨や干ばつなどの異常気象の増加や台風の強大化，氷河の融解などを背景とした海面上昇による沿岸部の高潮や島嶼の水没といった環境・災害リスクが高まる。

［　］温暖化によって植物の生長が活発になるため，農業に関する技術革新がなくても世界全体でみた食料生産量は増加する。

［　］熱帯性昆虫の生息域の増加によって，昆虫が媒介する熱帯性の病気が温帯域に広がったり，夏の異常な高温で熱中症になったりするリスクが増大する。

地球温暖化問題への取り組み

1992 年	ブラジルのリオデジャネイロで⑥□□□□□□□が開催
	⇒⑦□□□□□□□□□が締結
	⇒毎年1回，地球温暖化対策を話し合う国際会議（COP）が開催
1997 年	3回目のCOP（COP 3）
	⇒⑧□□□□□が採択（⑨□□□に③排出削減の数値義務を課す）
	⇒市場メカニズムを利用して排出削減を促す⑩□□□□□などを導入

Check 図を読み取ってまとめた次の文章が正しい場合は〇を，誤っている場合は×を［　］に記入しよう。

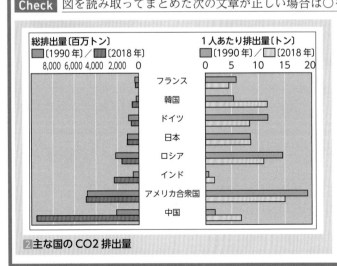

②主な国のCO2排出量

［　］1990年に最も総排出量の多い国はアメリカ合衆国だったが，2018年に最も総排出量の多い国は中国となっている。

［　］急速な経済成長によって，人口の多い中国やインドの一人あたり排出量が，1990年から2018年にかけて増加している。

［　］2018年の日本の排出量は，ヨーロッパ各国と同様，1990年に比べて減少している。

［　］先進国のみに排出削減義務を課した⑧の枠組みは，2018年でも世界全体の排出量削減を進めるうえで有効である。

COP21

2015年：⑪□□□□□の採択

　　　⇒全締約国が③の排出削減に取り組む（⑫□□国も含む）

　　　　【目標】産業革命前からの気温上昇を⑬□℃未満に抑えること

さまざまな地球環境問題

⑭□□□

　【原因】工場や自動車から排出される⑮□□酸化物や窒素酸化物などの大気汚染物質

　【影響】樹木の枯死や，水生生物の死滅など

森林破壊

　【原因】途上国の⑯□□□□にともなう薪炭材（しんたん）の需要増加や⑰□□の拡大

　【影響】地球温暖化の促進，生物多様性の減少，⑱□□□の破壊など

　　　　　　　➡⑲□□□□□条約：持続可能な生物資源の利用など

　　　　　　　➡⑳□□□□□条約：湿地とその⑱の保護

　　　　　　　➡㉑□□□□□条約：希少動植物の取引の規制

㉒□□□

　【原因】乾燥帯（主にステップ気候）の人口増加にともなう過耕作，過放牧

　【影響】植生の喪失による㉓□□□□

　　　　➡灌漑農業による㉔□□□□（灌漑用水中の塩分が地表にあらわれる現象）

　　　　　㉕□□□□□条約⇒途上国への持続可能な農業技術の供与や植林活動など

プラスチックごみの問題

　【原因】プラスチックの利用拡大，投棄

　【影響】海洋への放出にともなう汚染・蓄積，⑱への悪影響

⑪ _____
⑫ _____
⑬ _____
⑭ _____
⑮ _____
⑯ _____
⑰ _____
⑱ _____
⑲ _____
⑳ _____
㉑ _____
㉒ _____
㉓ _____
㉔ _____
㉕ _____

memo

- -
- -
- -
- -

Check 右の図や教科書内容を見てまとめた次の文章が正しい場合は○を，誤っている場合は×を[ ]に記入しよう。

[ ]酸性雨の被害は，いわゆる先進国や，急速な経済成長をとげる国の多い地域，人口1000万人以上の都市が集中する地域で主に見られる。

[ ]森林破壊が主に生じているのは，冷帯の針葉樹林帯である。

[ ]乾燥帯のほか，温帯の地域にも砂漠化の進行が見られる。

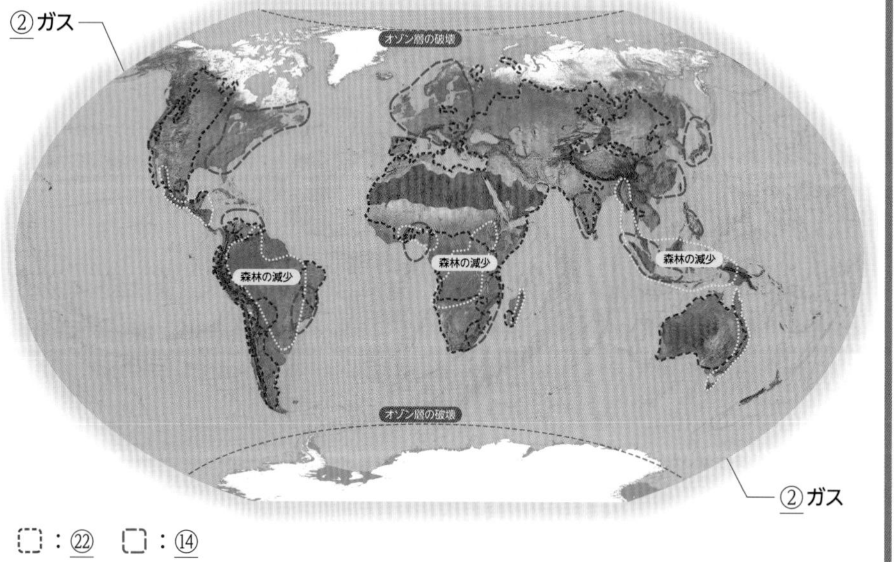

②ガス

②ガス

オゾン層の破壊

森林の減少　森林の減少　森林の減少

オゾン層の破壊

⸋⸌：㉒　⸋⸌：⑭

⑦ 地球的課題の解決に向けた国際協力

国際協力の歴史的経緯

①＿＿＿＿＿＿＿

②＿＿＿＿＿＿＿

③＿＿＿＿＿＿＿

④＿＿＿＿＿＿＿

⑤＿＿＿＿＿＿＿

⑥＿＿＿＿＿＿＿

振り返り
memo

1972 年	①□□□□□□会議（スウェーデンの首都ストックホルムで開催） ⇒主に先進国で発生した公害・環境破壊に対する国際的対応 ⇒スローガンは「②□□□□□□□地球」
1992 年	③□□□□□□（ブラジルの都市リオデジャネイロで開催） ⇒「④□□□□□□□」をキーワードとして，先進国と途上国が協働
2001 年	⑤□□□□□□□□□（MDGs）を定め，8 つの目標を設定。 ⇒貧困解消や衛生環境改善など，主に途上国の課題の解決に取り組む

■21 世紀初頭の変化

：先進国の低成長による，国内の経済格差や貧困状況の悪化

：新興国の経済成長による発展途上国間の格差や，各国国内での経済格差

：地球温暖化を中心とする地球環境問題の悪化

2015 年	持続可能な開発目標（⑥□□□□） ⇒ 2030 年までに達成すべき 17 の目標を設定 　　　→先進国・途上国共通の普遍的目標 ⇒民間企業や市民社会とも連携して目標の実現をめざす

2 飢餓を
ゼロに

3 すべての人に
健康と福祉を

4 質の高い教育を
みんなに

7 エネルギーをみんなに
そしてクリーンに

11 住み続けられる
まちづくりを

13 気候変動に
具体的な対策を

Try

❶各目標と最も関連していると思われる教科書の学習内容を右の語群から選び，空欄に対応する英字を記入しよう。

A：スラムへの学校建設（⇒教科書 p.160）

B：スマートシティの推進（⇒教科書 p.161 時事ノート）

C：「TABLE FOR TWO」の取り組み（⇒教科書 p.159）

Plus Ultra ＞ プラスチックごみを考えてみよう

Check 図を読み取った内容をまとめた下の文章が正しい場合は○を，誤っている場合は×を [　] に記入しよう。

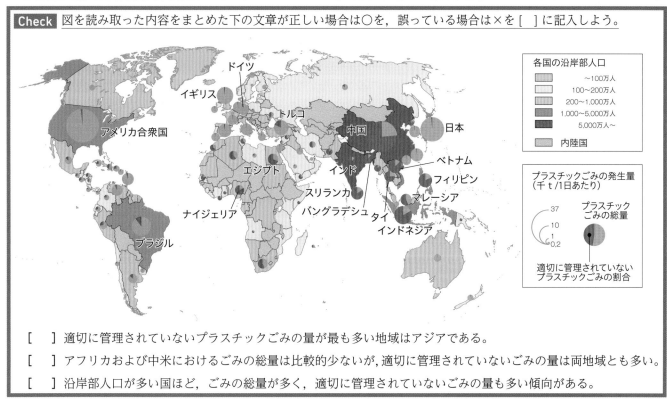

[　]　適切に管理されていないプラスチックごみの量が最も多い地域はアジアである。

[　]　アフリカおよび中米におけるごみの総量は比較的少ないが，適切に管理されていないごみの量は両地域とも多い。

[　]　沿岸部人口が多い国ほど，ごみの総量が多く，適切に管理されていないごみの量も多い傾向がある。

Try ＞ プラスチックごみについて，「削減」という観点と「適切な管理」という観点で自分の考えをまとめてみよう。

削減

適切な管理

① _____

② _____

③ _____

④ _____

⑤ _____

導入
memo

....

....

....

....

....

....

....

....

....

....

1 日本の自然環境

日本の地形

急峻な山地の形成

：日本は複数の①□□□□（岩盤）の上にある

　　　　　⇒①は，たがいに<u>衝突したり</u>，離れたり，横方向にずれたりする

　　　　　　　　　　　　　　　　　　　　　　↓

　　　　　　　　　日本付近：狭まる境界が分布

　　　　　　　　　　　　⇒衝突された陸地が圧力によって②□□

　　　　　　　　　　　　⇒急峻な山地の形成

　　　　　　　　　　　　（≒居住に適した③□□地が少ない）

地震大国

：①どうしが衝突すると亀裂が生じる（＝④□□）

　　⇒①の境界や④がずれたときに地震が発生

火山大国

：①の境界に沿って地下5 ～ 10kmに⑤□□□だまりが形成されている

　　⇒⑤が上昇することで火山活動が発生

　　⇒火山活動で溶岩や火山灰などの噴出物が地上に堆積　⇒　火山形成

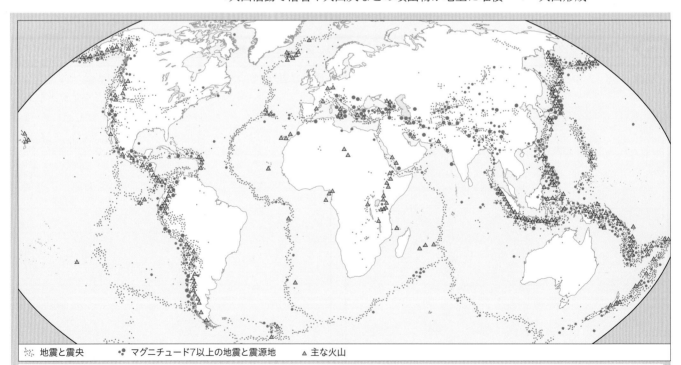

| 地震と震央 | マグニチュード7以上の地震と震源地 | 主な火山 |

Check & Work

❶教科書巻末⑨も見ながら，上の図にプレートの境界を記入してみよう（「狭まる境界」は目立つ色で記入してみよう）。

❷「狭まる境界」が集中する地域の標高を確認してみよう（⇒教科書 p.45，p.59，p.73，p.81，p.95，p.125，p.133，p.141）。

日本の気候

夏	暖かく湿潤な南寄りの⑥□□□が卓越。⑦□□□□現象による高温被害が生じることもある。
冬	「⑧□□□□」と呼ばれる気圧配置になることが多い。北西の大陸部から低温・乾燥の⑥が吹いて，⑨□□□側を中心に降雪をもたらす。

6日本付近の主な気団

⑥ _____
⑦ _____
⑧ _____
⑨ _____
⑩ _____
⑪ _____
⑫ _____
⑬ _____
⑭ _____

memo
....
....
....
....
....

春と秋

：暖かく乾燥した⑩□□□□□□と⑪□□□□□が交互に日本付近を通過
　周期的に天気がかわる。

季節の移行期（春から夏／夏から秋）

：日本付近で温かく湿潤な南方の気流と低温で湿潤な北方からの気流が衝突
　⇒春から夏にかけては⑫□□前線が停滞
　⇒夏から秋にかけては⑬□□前線が停滞
　　⇒南の太平洋上で⑭□□が多く発生 ⇒日本に接近して大雨・暴風をもたらす

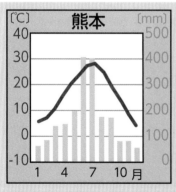

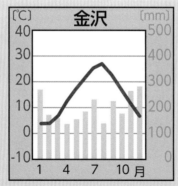

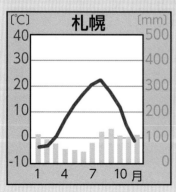

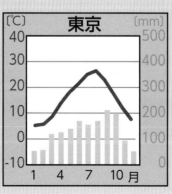

Check & Work

❶各都市における「最多降水量」の月を目立つ色で塗ってみよう。また，その月に雨や雪が多く降る原因を下の語群からすべて選び，各都市の〔 〕に記入しよう。

A. 北西季節風　B. 梅雨前線　C. 台風　D. 秋雨前線

熊本〔　　　　　　　　〕　金沢〔　　　　　　　　〕
札幌〔　　　　　　　　〕　東京〔　　　　　　　　〕

❷右の図は「春」「夏」「秋」「冬」「春から夏」「夏から秋」のうち，どの季節の気圧配置を示しているだろうか。各都市の雨温図（左図）も参考にしながら，正しい季節を選んでみよう。

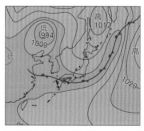

① _____

② _____

③ _____

④ _____

⑤ _____

⑥ _____

⑦ _____

⑧ _____

⑨ _____

⑩ _____

② 地震・津波と対策

地震の種類と直接的な被害

2種類の地震

①□□型地震	②□□型地震
プレートとプレートの間に生じたひずみがもとに戻ろうとする際に発生する地震。主な事例は2011年の東北地方太平洋沖地震。	プレート内部に生じた活断層がずれることで発生する地震。震源が陸でなおかつ③□□ため，被害が大きくなりやすい。主な事例は1995年の兵庫県南部地震。

地震に関連して発生する被害

④□□　　　：①型地震にともない発生するおそれがある

⑤□□□現象：地震の揺れによって地盤が液体のようになる現象

　　　　　　：埋立地や旧河道を埋めた場所などで発生しやすい

⑥□□　　　：地震直後に木造家屋の密集地で発生することがある

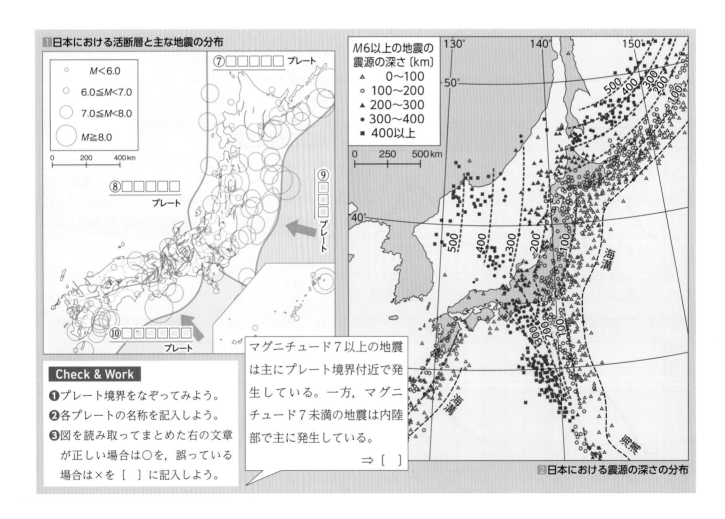

1 日本における活断層と主な地震の分布

- ○ M<6.0
- ○ 6.0≦M<7.0
- ○ 7.0≦M<8.0
- ○ M≧8.0

0　200　400km

⑦□□□□□プレート

⑧□□□□□プレート

⑨□□□プレート

⑩□□□□□プレート

Check & Work

❶プレート境界をなぞってみよう。

❷各プレートの名称を記入しよう。

❸図を読み取ってまとめた右の文章が正しい場合は○を，誤っている場合は×を［　］に記入しよう。

M6以上の地震の震源の深さ〔km〕
- △ 0〜100
- ○ 100〜200
- ▲ 200〜300
- ● 300〜400
- ■ 400以上

0　250　500km

海溝

日本海

南海

マグニチュード7以上の地震は主にプレート境界付近で発生している。一方，マグニチュード7未満の地震は内陸部で主に発生している。

⇒［　］

2 日本における震源の深さの分布

地震や津波の対策

■ 文章の空欄にあてはまる語句を下の語群から選んで記入しよう。

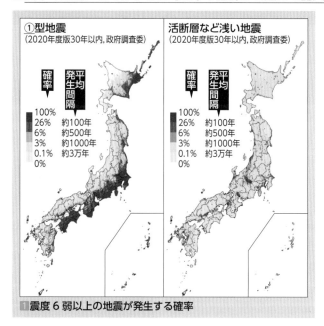

①型地震
（2020年度版30年以内, 政府調査委）

確率	発生平均間隔
100%	
26%	約100年
6%	約500年
3%	約1000年
0.1%	約3万年
0%	

活断層など浅い地震
（2020年度版30年以内, 政府調査委）

確率	発生平均間隔
100%	
26%	約100年
6%	約500年
3%	約1000年
0.1%	約3万年
0%	

１震度6弱以上の地震が発生する確率

震度6弱以上の地震が発生する確率は，①型地震によるものが北海道⑪□□から九州⑫□□にかけての太平洋沿岸地域に広がっている。一方，②型地震によるものは，⑬□□平野，⑭□□平野，⑮□□平野などに広がっている。

【語群】

東部，西部，南部，北部，
新潟，富山，大阪，鳥取，
福山，濃尾，今治，香長

⑪_____
⑫_____
⑬_____
⑭_____
⑮_____
⑯_____
⑰_____
⑱_____
⑲_____
⑳_____
㉑_____

memo

■ 地震・津波発生後の対策をまとめた次の図の空欄にあてはまる語句を記入しよう。

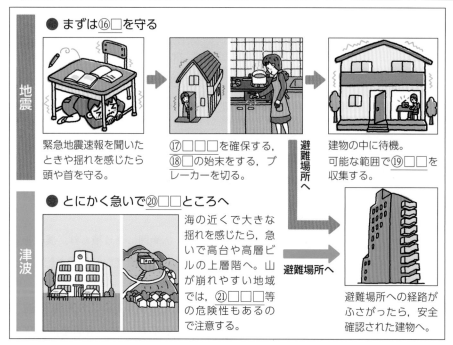

地震

● まずは⑯□を守る

緊急地震速報を聞いたときや揺れを感じたら頭や首を守る。

⑰□□□を確保する，⑱□の始末をする，ブレーカーを切る。

避難場所へ

建物の中に待機。可能な範囲で⑲□□を収集する。

津波

● とにかく急いで⑳□□ところへ

海の近くで大きな揺れを感じたら，急いで高台や高層ビルの上層階へ。山が崩れやすい地域では，㉑□□□等の危険性もあるので注意する。

避難場所へ

避難場所への経路がふさがったら，安全確認された建物へ。

Try 地震や津波の被害を最小限に抑えるために，日頃から取り組んでおくべきこととして誤っているものを1つ選んでみよう。

[　] 地域がおこなう避難訓練に参加する。

[　] ハザードマップで避難所までのルートを確認する。

[　] 近所に自然災害伝承碑がないか調べてみる。

[　] 避難所においては，自分の身を守ることを第一に行動する。

①_____

②_____

③_____

④_____

⑤_____

⑥_____

⑦_____

⑧_____

⑨_____

⑩_____

⑪_____

memo

....

....

....

....

....

....

....

....

....

....

....

....

....

....

③ 火山災害と対策

火山の噴火と主な被害

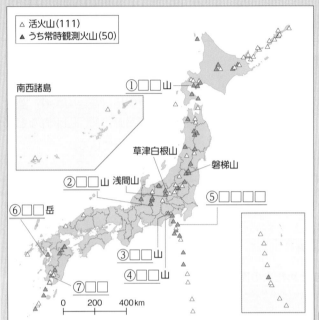

△ 活火山(111)
▲ うち常時観測火山(50)

南西諸島

①□□山

草津白根山

磐梯山

②□□山　浅間山

⑤□□□□

⑥□□岳

③□□山

④□□山

0　　200　　400km

⑦□□

❶日本の活火山

Work

❶教科書 p.178 図１を参考しながら，プレートの境界をおおまかに記入してみよう。

❷図中の①～⑦にあてはまる火山名または火山がある島の名前を，下の語群から選んで記入しよう。

【語群】

有珠，富士，雲仙，御嶽，箱根，伊豆大島桜島

⑩□□□

噴煙

⑧□□

降灰後の土石流

降灰

⑨□□□ など

⑪□□□

❷主な火山災害　砂防・地すべり技術センターの資料をもとに作成。

⑧□□

：噴火によって飛ぶ直径数cm～数10cmの岩石。

⑨□□□

：火山噴出物（高温の火山ガスと火山灰などが混ざったもの）が斜面を高速で流れ下る現象。

⑩□□□

：広範囲に降り積もり，農業被害や交通障害などを引き起こす。

⑪□□□

：950 ～ 1200℃の高温に達する溶けた岩が斜面を流れ下る現象。

火山とともに営んできた生活の形／火山活動への対策

次の文章が正しい場合は〇を，誤っている場合は×を［　］に記入しよう。

［　］火山活動で形成された特徴的な地形や地質をジオパークに登録する動きもある。

［　］日本では，活動頻度の高低を問わず，すべての火山に噴火警戒レベルが設定される。

［　］日本では，⑨や土石流を防ぐための砂防ダムが数多く建設されている。

Plus Ultra ▷ 地形図演習④（火山地形を読み取ってみよう）

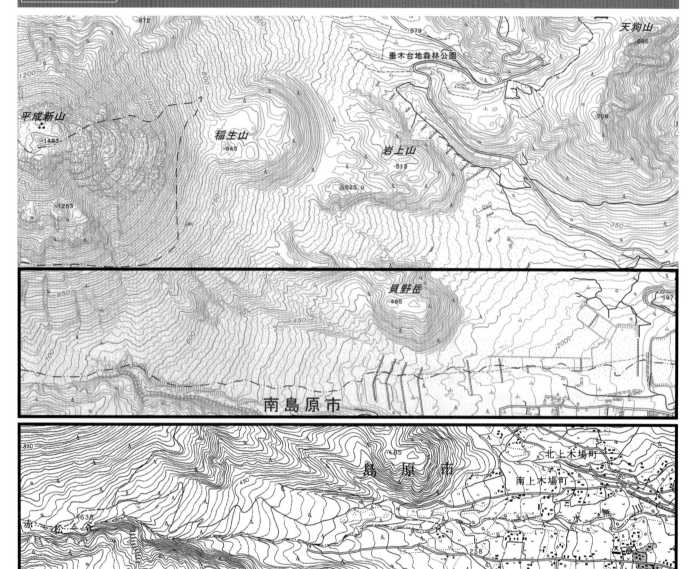

▲長崎県島原市南部。25000分の1地形図「島原（上／2018年発行）」「雲仙（下／1985年発行）」（いずれも実寸）

Mission

⭐☆☆　1990年からはじまった噴火によって形成された平成新山の標高点に〇をつけよう。

⭐⭐☆　平成新山が今の形状になるまでに複数回の火砕流が発生した。地形図上のドット柄◻️で示された場所を手がかりとしながら，火砕流が流れたと思われるおおまかな方向を「平成新山を出発点とした複数の赤い矢印」で示してみよう。

⭐⭐⭐　火砕流の発生後（上）と発生前（下）から読み取れる内容を，2つの言葉（貝野岳／水無川）を必ず用いて説明してみよう。

④ 風水害と対策

大雨が降る時期と場所

季節の移行期

　春～夏：①□□前線の停滞

　夏～秋：②□□前線の停滞

　　　　：③□□の通過

　⎱ 組み合わさると広い範囲で大雨が降る可能性がある

地域によって異なる風水害

次の文章の空欄にあてはまる語句を下の語群から選んで記入しよう。

外水氾濫

　：平野に広がる氾濫原で，河川からの④□□や堤防の⑤□□により広範囲で起こる洪水被害。

内水氾濫

　：下水道などの⑥□□能力をこえる雨水が流入したり，河川水位が上昇して⑥できなかったりすることで起こる洪水被害。水が⑦□□しないアスファルトなどで覆われた都市域で主に起こる（＝都市型水害）。

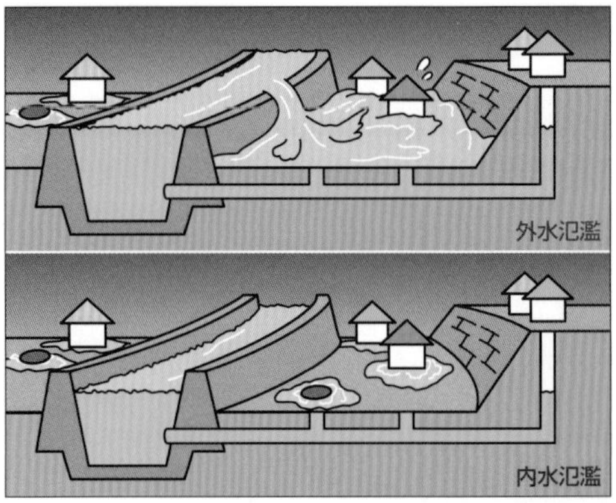

外水氾濫

内水氾濫

【語群】越流，排水，破堤，浸透

風水害とたたかう伝統的な生活様式

次の文章が正しい場合は○を，誤っている場合は×を ［　］ に記入しよう。

［　］ 水田は，大雨の際に遊水池として機能しうる。

［　］ 氾濫原では，周辺よりも地盤が高い後背湿地に住宅や畑地を配置することで，洪水の浸水被害から身を守ってきた。

［　］ 洪水がたびたび発生する地域では，舟形屋敷や輪中と呼ばれる独特の形をした家屋や村落を作ったりするなど，さまざまな工夫が見られる。

社会環境の変化と水害対策／土砂災害とその対策

都市域における水害対策の例として誤っているものを1つ選び，［　］に×を記入しよう。

［　］ 河川の断面積の拡張

［　］ 雨水専用の下水道の整備

［　］ 地下空間を利用した遊水池の整備

［　］ 画一的なインフラ整備や市街地の拡大

［　］ 地下に雨水が浸透しやすくなるコンクリートなどの設置

①

②

③

④

⑤

⑥

⑦

memo

Plus Ultra ＞ 地形図演習⑤ （輪中の土地利用を眺めてみよう）

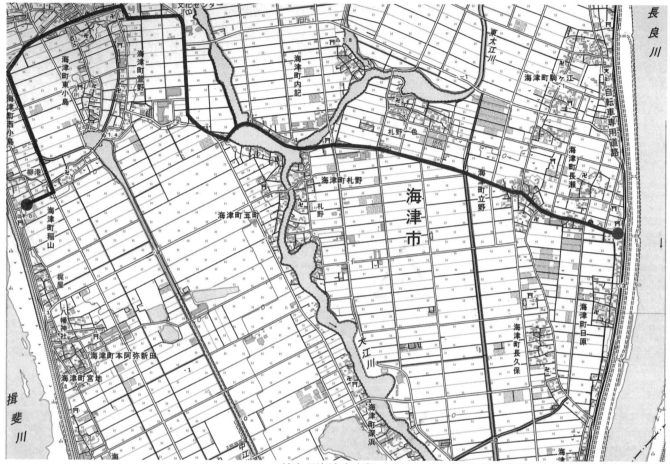

▲岐阜県海津市南部。25000 分の 1 地形図「津島 (2020 年発行)」（実寸）

Mission

★☆☆ A君は「長良川から揖斐川に向かうルート（地形図上の赤線）」で見た風景などをメモとして残した。

次のメモの内容が正しい場合は○を，誤っている場合は×を [　] に記入しよう。

[　] スタートから約 250m 進むと右手に郵便局が目視できた。そこからさらに約 250m 進むと左手にお寺が目視できた。

[　] スタートから約 2km の地点にある神社を通り過ぎると，右手に大江川が見えた。

[　] 今回のルートは 5.5km 以上あった。

★★★ 家屋が集中している場所の特徴について，2つの言葉 (川／標高 0m) を必ず用いて説明してみよう。

5 雪害・高温と対策

雪害による影響／大雪に対応した暮らしと課題

次の文章が正しい場合は○を，誤っている場合は×を ［　］ に記入しよう。

［　］雪害とは，特別豪雪地帯で発生する被害の総称である。

［　］雪の多い山地では，融雪時に洪水が発生することもある。

［　］日本海側の豪雪地帯では，屋根から雪が落ちるのを防ぐため，傾斜の緩やかな屋根をもった家が多い。

■日本の豪雪地帯　国土交通省資料による。

Work
❶地図上に示された本州の主な山脈・山地をなぞってみよう。
❷上の2つの雨温図のうち，金沢市の雨温図を選び，番号で答えよう。 [　]

なぜ高温は発生するのか

都市域における気温上昇

【背景】都市化の進展にともなう水域や植物におおわれた場所の①□□
　　　　コンクリートの建物やアスファルトの面積増加（⇒②□□□□□□□現象）

風下の地域の極端な気温上昇
　⇒湿った空気が山地をこえることで生じる③□□□□現象

高温の対策と課題

夏季に35℃以上となる④□□□が増加　⇒熱中症の対策が必要

次の文章が正しい場合は○を，誤っている場合は×を ［　］ に記入しよう。

［　］建築物の密集・高層化にともなう風速の弱まりは，②現象の一因となる。

［　］高温は，農業に深刻な影響を及ぼす。

［　］都市内部における緑地面積が増加すると，水の蒸発にともなう温度低下（気化熱）が生じる場所が増えるため，都市内部における大気の加熱が促される。

① _____
② _____
③ _____
④ _____

地理総合演習ノート

解答編

実教出版

1．球面と平面　(p.2)

①位置　②角度　③距離　④面積　⑤球面　⑥平面
⑦投影法

Work

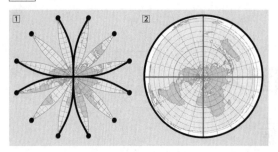

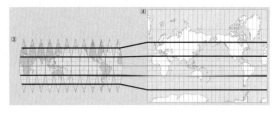

正誤：上から○××

2．緯度と経度　(p.3)

①極圏　②白夜　③極夜　④本初子午線　⑤時差

正誤：上から○××

Check & Work　❶教 p.9 ④参照　❷北緯：35 ± 1 度／
東経：139 ± 1 度　❸ 12 月 31 日 23 時

Try　上から×○○×

3．日常生活のなかの地図　(p.4-5)

正誤：上から○×○　①一般図　②主題図　③地形図
④地理情報　⑤路線図　⑥観光案内図　⑦統計地図
⑧ハザードマップ　⑨デジタル地図　⑩ GPS

正誤：上から○○××

Check & Work　❶ p.17 の地図記号参照
❷ 2.7cm×25000＝675m
❸ 90－3.2＝86.8m（または約 87m）
⑪主題図　⑫大阪市　⑬○　⑭○　⑮○　⑯○　⑰低い

4．国家の領域　(p.6)

①領域　②国民　③主権　④領海　⑤領土　⑥領空
⑦ 12

正誤：上から××○　⑧自然的国境　⑨人為的国境

5．日本の位置と領域　(p.7)

① 38　②沖ノ鳥島　③択捉島　④与那国島　⑤南鳥島

正誤：上から×○○

Work　❶省略

⑥国後島　⑦色丹島　⑧歯舞群島　⑨ロシア　⑩島根県
⑪沖縄県

Try　⑫日ソ共同宣言　⑬北方四島　⑭日ロ共同声明

6．国家間の結び付き　(p.8-9)

①アメリカ合衆国　②北大西洋条約機構（NATO）
③ソビエト連邦（ソ連）　④ワルシャワ条約機構（WTO）
⑤独立国家共同体（CIS）　正誤：上から○○○××
⑥ヨーロッパ連合（EU）　⑦ユーロ
⑧アフリカ連合（AU）　⑨東南アジア諸国連合（ASEAN）
⑩アメリカ・メキシコ・カナダ協定（USMCA）
⑪南米南部共同市場（MERCOSUR）
⑫アジア太平洋経済協力会議（APEC）　⑬環太平洋地域

Check & Work　❶❷教 p.19 ③参照
❸陸続き：⑩，⑪　陸続きではない：⑥，⑧，⑨，⑫

7．モノ・人・情報のグローバル化　(p.10-11)

①グローバル化　②多国籍企業　③ GDP　④出稼ぎ
⑤移民　⑥難民　正誤：上から××○

Check & Work　❶❷省略

⑦海底ケーブル　⑧インターネット
⑨デジタルアーカイブ　⑩デジタルデバイド（情報格差）

正誤：上から○×○

Try　【解答例】スーパーで外国産の品物の取り扱いが増
えた，コンビニなどで働いている外国人の方が増えた，あ
らゆる情報を管理しているスマートフォンが手放せない，
など

8．世界の交通，物流と日本　(p.12-13)

①蒸気機関　②スエズ運河　③パナマ運河
正誤：上から×○×　④高い　⑤ハブ空港　⑥小さい
⑦高速鉄道　⑧時間距離　正誤：上から○○×

⑨関門トンネル　⑩本州四国連絡橋　⑪青函トンネル
⑫新幹線　⑬リニア

Work ❶仙台から内陸部を通るルート：22−11=11時間／仙台から沿岸部を通るルート：23−12.5=10.5時間
❷東京～名古屋～大阪，北海道の北東部，紀伊半島など

9．観光のグローバル化（p.14-15）

Check ❶上から○×
①エコツーリズム　②グリーンツーリズム
③ユネスコ（UNESCO）　④世界ジオパーク
正誤：上から××○

Work 【解答例】僕のヒーローアカデミア，ファイアパンチ，ナルト，コナン（工藤新一でも正解），アグニ，緑谷出久，オールマイト，初音ミク，など

第2編　国際理解と国際協力
第1章　生活文化の多様性と国際理解　グループ1テーマ1
1．山地における人々の生活（p.16）

①内的営力　②変動帯　③活断層　④外的営力
Work ❶省略　❷⑤U字　⑥V字
正誤：上から×○×○○
Try
共通点：斜面を生かした農耕，主に自給自足用の作物栽培
相違点：道路の整備状況，農村や牧場の観光地化

Plus Ultra 地形図演習①（p.17）

Mission ★1★3：下図参照

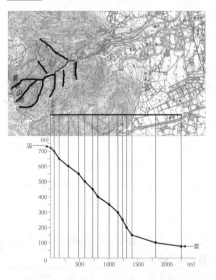

2．平野に展開する人々の生活（p.18）

①扇状地　②氾濫原（蛇行原）　③自然堤防

④後背湿地　⑤デルタ（三角州）　⑥河岸段丘
正誤：上から×○○×○

Plus Ultra 地形図演習②（p.19）

Mission ★1：省略　★2：p.17の地図記号参照
★3：【解答例】扇頂：広葉樹林や針葉樹林が見られるほか，田んぼも確認できる。扇央：田んぼや果樹園のほか，畑も見られる。また，広葉樹林や針葉樹林も見られ，住宅地も確認できる。扇端：主に田んぼとマキノ町の中心街が広がっている。マキノ町の中心街を南北に貫く道路は，扇端に沿って敷設されていることが確認できる。

3．海岸地形と人々の生活（p.20）

①海岸平野　②浜堤　③砂丘　④フィヨルド
⑤リアス海岸
Check & Work ❶模式図のリアス海岸と潟湖に○
❷ラグーン（潟湖）
正誤：上から○○○×

Plus Ultra 地形図演習③（p.21）

Mission ★1★2：下図参照

★3：【解答例】地形が複雑に入り組んだリアス海岸の内湾に集中していることがわかる。そうした内湾では，とりわけ真珠養殖場の集中が顕著に見られる。

第1章　生活文化の多様性と国際理解　グループ1テーマ2
1．熱帯の気候と生活とのかかわり（p.22-23）

①高く　②小さい　③熱帯収束（赤道低圧）　④熱帯雨林
⑤熱帯モンスーン　⑥サバナ　正誤：上から×○○×
⑦焼畑　⑧自給　⑨プランテーション　⑩商品
⑪モンスーン（季節風）
Work ❶キャッサバに○　❷キャッサバ以外に□
Work ❶❷省略　❸1
Try 【解答例】熱帯雨林の減少は，森林資源を利用して

生活してきた人々の生活基盤の消失につながる。さらに，熱帯雨林に住む人々を対象とした都市への定住化政策などが進むと，これまで培われてきた伝統的な生活や文化が完全に消失してしまう可能性もある。

２．乾燥帯の気候と生活とのかかわり（p.24-25）

①降水　②蒸発　③亜熱帯高圧

Work ❶❷省略

❸左上図：①／右上図：④／左下図：③／右下図：②

④砂漠　⑤ステップ　⑥雨季　正誤：上から○○○×○

⑦灌漑　⑧遊牧　⑨黒色土　⑩塩性化　⑪砂漠化

Try

共通点：水資源の適正な管理と公平な分配の重要性

相違点：乾燥帯では，水資源の大量使用による水源の枯渇といった問題や水利設備の有無を背景とした貧富の格差拡大といった問題が生じている。一方，農村の過疎化や高齢化が顕著な日本では，とりわけ農村において，用水路などの施設を保全管理する担い手不足が課題となっている。

３．温帯の気候と生活とのかかわり（p.26-27）

①四季　②温暖湿潤（Cfa）　③モンスーン（季節風）

④熱帯低気圧　⑤地中海性　⑥亜熱帯高圧帯

⑦乾季　⑧温暖冬季少雨　⑨西岸海洋性

⑩暖流　⑪偏西風　⑫シベリア　⑬日本海　⑭太平洋

⑮梅雨

Work ❶❷❸省略

正誤：上から○×××○

Try　作図は省略　共通点：一年を通して比較的温暖／相違点：東京は夏の時期に多雨，ケープタウンは乾燥，東京の年較差はケープタウンよりも大きい

４．亜寒帯・寒帯の気候と生活とのかかわり（p.28-29）

①大き　②シベリア　③タイガ　④永久凍土

⑤亜寒帯（冷帯）湿潤

⑥亜寒帯（冷帯）冬季少雨

⑦ツンドラ　⑧氷雪

語句選択：高い／大きく／0℃／60℃／大きい／大きく

Work ❶❷省略　❸1

正誤：上から×○×

Try 【解答例】地球温暖化の影響を受けやすい極域では，夏に地下深くまで永久凍土が融解し，地面に凹凸ができているため。

Plus Ultra ハイサーグラフを作成して読み取ってみよう（p.30-31）

Mission ★1：下図参照／正誤：上から×○○○

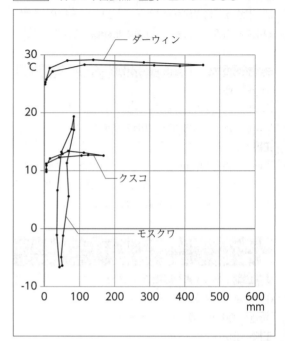

★2：①　★3：【解答例】モスクワ×東京：東京の夏の気候は高温で雨が比較的多い。一方，モスクワの夏の気温は20℃前後と比較的涼しく，雨も比較的少ない。また，東京は晩夏（9月）に降水量が多くなる傾向がみられる。ダーウィン×東京：ダーウィンの夏の気温は東京よりもやや暑い程度であるが，降水量は極めて多く，それぞれの最多降水月を比べると，その平均降水量は東京の二倍以上となっている。

第1章　生活文化の多様性と国際理解　グループ2テーマ1

１．歴史と自然環境（p.32-33）

①中国　②中華文明　③冊封体制　④朝貢

Work ❶❷省略

⑤銀　⑥ヨーロッパ　⑦絹　⑧陶磁器　⑨中華人民共和国

⑩計画経済　⑪社会主義　⑫改革・開放　⑬モンゴル

⑭朝鮮民主主義人民共和国（北朝鮮）　⑮大韓民国（韓国）

⑯台湾　⑰黄河　⑱長江　⑲黄土　⑳タリム

㉑テンシャン　㉒カラコルム　㉓ヒマラヤ

㉔チベット　㉕ゴビ　㉖黄　㉗東シナ　㉘南シナ

アクティブ ❶省略　❷高い／低い／低い／高い

Check ㉙高い　㉚季節風　㉛多い　㉜湿潤　㉝低い

㉞少ない　㉟低い　㊱少ない　㊲乾燥

２．変化する都市と農村 （p.34-35）

①14　②漢　③9　④55　⑤農業　**正誤**：上から×○×

⑥改革・開放　⑦産業構造　⑧一次産業　⑨79

⑩一人っ子　⑪15

Work　❶❷❸省略

Check　⑫内陸部　⑬沿岸部　⑭80　⑮農村

Try　【解答例】会社勤めが一般的となり，女性の社会進出も進んでいる。また，先進国の都市部に暮らす人々と同様の消費行動をする人が増えた。しかし，独身世帯が増加し，地域やコミュニティのつながりが薄くなった。

３．農業と食文化 （p.36-37）

①人民公社　②計画経済　③生産責任制　④2　⑤8

⑥12　⑦3　⑧2　**正誤**：上から○×○　⑨郷鎮企業

⑩農民工

Work　❶❷省略　❸③

⑪米　⑫1000　⑬小麦　⑭西　⑮100　⑯500　⑰遊牧

⑱オアシス

Try　東

４．経済発展によってかわる社会 （p.38-39）

①資源　②重化学工業　③石炭　④鉄鉱石　⑤計画経済

⑥改革・開放　⑦外国資本　⑧華南　⑨経済特区

⑩内陸部　⑪沿海部　⑫社会主義市場経済

⑬世界貿易機関　⑭世界の工場　⑮世界の市場

正誤：上から○○×

アクティブ　❶省略　❷×○×

⑯北京　⑰上海　⑱沿海部　⑲耐久消費財　⑳武漢

㉑重慶　㉒生産財

Try　【解答例】世界最大の資源輸入国となった中国は，安定的な資源の調達をめざして，アジア，アフリカ，ヨーロッパを陸路と海路で結ぶ「一帯一路」政策やアフリカへの資源外交を進めている。また，中国の巨大な資本力を背景とした道路や港湾などのインフラ整備が世界各地で進められており，現地の生活に変容をもたらしている。さらに，中国の海外進出にともない，中国式ビジネスや中国における生活様式を海外に展開していく動きも出てきている。

５．産業の進展によってかわる社会 （p.40）

①粗放農業　②日本　③ソ連　④アメリカ合衆国

⑤朝鮮民主主義人民共和国　⑥大韓民国　⑦朝鮮戦争

⑧38度　⑨資源　⑩繊維　⑪鉄鋼　⑫船舶

⑬輸出指向型　⑭漢江の奇跡　⑮アジアNIEs

⑯電子

正誤：上から×××○

６．現代の諸課題 （p.41）

正誤：上から○××　①沿海部　②都市　③内陸部

④農村　⑤2　⑥3　⑦若年　⑧西部大開発

正誤：上から○○○

Try　【解答例】環境問題は国境を越えて広がる問題であるため，国単位ではなく，地域単位での解決に向けた協力が重要である。また，環境に配慮した商品を積極的に選ぶなど，個人レベルでの消費行動の見直しなども重要である。

第1章　生活文化の多様性と国際理解　グループ2テーマ2

１．歴史と自然環境 （p.42-43）

①インドシナ　②根栽農耕　③中国　④稲　⑤インド

⑥メコン　⑦大乗　⑧上座　⑨イスラーム　⑩キリスト

⑪カトリック

Check & Work　❶省略　❷上から○××

Work　❶省略　❷A: タイ　B: インドネシア

C: シンガポール　D: ベトナム　E: フィリピン

a: 南シナ　b: チャオプラヤ　c: メコン　d: スマトラ

e: ジャワ　f: カリマンタン

⑫サバナ　⑬稲作　⑭南西　⑮モンスーン（季節風）

⑯北東　⑰平野　⑱デルタ（三角州）　⑲熱帯雨林

⑳林業　㉑火山　㉒地震　㉓津波　㉔原油　㉕天然ガス

大陸部：左図　**島嶼部**：右図

２．自然と人々の生業 （p.44-45）

①A　②V字谷　③中国　④焼畑　⑤自給的

⑥トウモロコシ　⑦米　⑧B　⑨天水田　⑩漁業　⑪C

⑫出稼ぎ　⑬D　⑭運河　⑮E　⑯プライメート

Check　上から×○×○

Work　❶省略　❷マルク諸島に○　❸省略

⑰A　⑱熱帯雨林　⑲火山灰　⑳B　㉑ジャワ島

㉒オランダ　㉓C　㉔プランテーション　㉕ゴム

㉖アブラヤシ　㉗商品

Try　上から○×○○

３．グローバル化時代の農業と環境 （p.46-47）

①モンスーン　②水稲　③二期作　④焼畑　⑤棚田

語句選択：1960／緑／インドネシア／インドネシア／多い／国内／輸出／タイ／デルタ／インドネシア／少ない／国内／輸出

⑥輸出　⑦商品作物　⑧農園　⑨植民地　⑩宗主国

⑪インドネシア　⑫フィリピン　⑬マレーシア

⑭オランダ ⑮サトウキビ ⑯アブラヤシ
⑰アメリカ合衆国 ⑱バナナ ⑲ブラジル ⑳パーム油
㉑1970 ㉒森林 ㉓生物多様性
Work ❶省略 ❷上から××○○

4．文化と民族（p.48-49）

①インド ②中国 ③タイ ④上座 ⑤大乗
⑥イスラーム ⑦カオダイ ⑧マレーシア ⑨フィリピン
⑩東ティモール ⑪ヨーロッパ ⑫カトリック
⑬インドネシア ⑭ロヒンギャ

Work ❶省略
正誤：上から○×○
⑮タミル ⑯華 ⑰マレーシア
⑱プランテーション ⑲ブミプトラ

Try 【解答例】民族対立については，政治・経済的な問題が絡むことも多いため，ブミプトラ政策のような国主導のルール作りが必要になると思う。一方で，宗教や生活習慣をはじめとする文化的な対立については，自治体や個人レベルでも対立の解消に向けたある程度の取り組みは可能だと思われる。たとえば，自治体レベルでは，お互いの国や地域における文化や生活習慣を理解しあうための場を積極的に設けることが有効だと思う。個人レベルでは，さまざまな国や地域に興味をもつだけでも対立解消につながる重要なきっかけになるのではと思う。

5．経済発展と地域内の連携（p.50-51）

①一次産品 ②モノカルチャー ③輸入代替型 ④関税
⑤輸出加工特区 ⑥輸出指向型 ⑦すず ⑧ゴム
⑨ブミプトラ ⑩ルックイースト ⑪多国籍企業
⑫金融 正誤：上から○×○×○

Check & Work ❶1967年：タイ，マレーシア，シンガポール，インドネシア，フィリピン／1984年：ブルネイ／1995年：ベトナム／1997年：ラオス，ミャンマー／1999年：カンボジア ❷❸省略 ❹上から○○
⑬AFTA ⑭関税 ⑮規制 ⑯EPA ⑰2000 ⑱AEC

Try 【解答例】まず，経済成長の高まりや経済連携の深化は，国の財政の改善につながる。財政改善にともなって公共サービスやインフラの充実がはかられた場合，それは国民の生活水準を大幅に高めることになると思う。一方で，経済成長にあわせた適切な政策が打ち出されない場合，所得格差の拡大にともなう経済的・社会的格差の固定化や環境汚染の拡大にともなう健康被害といった負の影響も生じうると思う。

Plus Ultra グループ２のまとめ（p.52-53）

①産業革命 ②蒸気機関 ③機械 ④電力 ⑤軽工業
⑥重工業 ⑦大量生産 ⑧コンピュータ
⑨インターネット ⑩情報通信技術（ICT）
⑪人工知能（AI）

Check & Work ❶❷省略
⑫契約栽培 ⑬中産階級 ⑭インフォーマルセクター

第1章　生活文化の多様性と国際理解　グループ３テーマ１

1．歴史と自然環境（p.54-55）

①モエンジョ＝ダーロ ②アーリヤ人 ③ガンジス
④バラモン ⑤ヴァルナ ⑥ヒンドゥー
⑦カースト ⑧タージ＝マハル ⑨シク
⑩イギリス ⑪東インド会社 ⑫分割 ⑬インド
⑭パキスタン

Work ❶省略 ❷A：パキスタン B：インド
C：バングラデシュ D：スリランカ E：ネパール
F：ブータン a：インダス b：ガンジス c：アラビア
d：ベンガル e：ヒマラヤ f：ヒンドスタン g：デカン
h：セイロン

Check ⑮年較差 ⑯南西 ⑰北東 ⑱大き ⑲乾燥
⑳小さ

2．ヒンドゥー教と深くかかわる生活文化（p.56-57）

①ヒンドゥー ②仏 ③シク ④イスラーム
⑤キリスト ⑥ヒンディー ⑦英語

Check & Work ❶省略 ❷上から○××××
⑧沐浴 ⑨ガンジス ⑩菜食 ⑪ミルク ⑫肥料
⑬カースト ⑭ヴァルナ ⑮ダリット ⑯ジャーティ

Try 【解答例】カースト制度を背景とした階層の固定化はとりわけカースト下位層における暮らしの改善を妨げており，世代を超えた格差・貧困の再生産にもつながっているといえる。社会に根付いた制度の変革は難しいが，グローバル社会での存在感が増すインドにおいて，一部の固定階層だけではなく国民全体があらゆる側面で豊かになることの社会的な意義を共有し，具体策を講じ続けることは将来のインドの国益に直結するのではと思う。

3．産業の発展と宗教とのかかわり（p.58-59）

Check & Work ❶❷❸省略 ❹①モンスーン ②米
③ジュート ④小麦 ⑤茶 ⑥綿花 ⑦緑の革命
⑧白い革命 ⑨カースト ⑩石炭 ⑪鉄鉱石 ⑫自由
⑬緩和 ⑭自動車 ⑮二輪車 ⑯情報通信技術
⑰ソフトウェア

正誤：上から〇〇×〇　　正誤：上から×〇×〇〇

4. 宗教・社会の課題と変化 （p.60-61）
①絶対的貧困層　②Ｂ　③初等教育　④インフラ　⑤農村
⑥都市　⑦都市問題　⑧過疎化　⑨産油　⑩出稼ぎ
Check　上から×〇〇×
⑪地域　⑫所得　⑬カースト　⑭ヒンドゥー
⑮イスラーム　⑯労働力　⑰繊維　⑱多国籍企業
⑲アメリカ合衆国　⑳頭脳流出
㉑印僑　㉒出稼ぎ　㉓送金
Try　【解答例】課題発生の主な要因は，慣習に対する無理解にあると思う。グローバル化が進む現代では，移民や観光客といった人の移動の拡大によって，受け入れる側の国民が「身近ではない宗教とその慣習」に触れる機会が増加すると思われる。そのため，たとえば自治体ごとに増加傾向にある移民・観光客の出身国とその国の主要宗教を整理し，その宗教の概要や慣習を学ぶ公教育の場を設けるといった取り組みは，無理解を解消し，受け皿を生み出すという点で効果的だと思う。

第1章　生活文化の多様性と国際理解　グループ3テーマ2
1. 歴史と自然環境 （p.62-63）
①パレスチナ　②ユダヤ　③キリスト　④ムハンマド
⑤イスラーム　⑥メッカ　正誤：上から〇〇××〇
Work　❶❷❸省略
Work　❶❷省略　❸a: サハラ　b: アトラス　c: ナイル
d: ネフド　e: アラビア　f: ルブアルハリ
g: ユーフラテス　h: ティグリス　i: ザグロス
⑦外来河川　⑧カナート　⑨ベドウィン　⑩オアシス
⑪遊牧　正誤：上から×〇×
Check & Work　❶省略　❷上から×〇〇

2. イスラームと深くかかわる生活文化 （p.64-65）
①アッラー　②ムハンマド　③クルアーン　④ムスリム
⑤ムスリマ　⑥スンナ派　⑦シーア派　⑧六信　⑨五行
正誤：上から×〇×〇
Try　⑩民族　⑪自然現象　⑫牛　⑬カースト　⑭世界
⑮シャリーア　⑯アルコール　⑰豚　⑱ハラール　⑲断食
Check & Work　❶❷省略　❸上から×〇×〇

3. 産業の発展とイスラーム社会の変化 （p.66）
①メジャー　②石油輸出国機構（OPEC）
③資源ナショナリズム　④石油危機　正誤：上から〇〇×
⑤出稼ぎ　⑥南アジア　⑦建設業　⑧低賃金　⑨格差

Try　【解答例】たとえば，礼拝や食事規定が生活の一部となっているイスラーム教徒の労働者を受け入れる場合，礼拝するための時間を就業時間として認めたり，社内食堂がある場合は食事規定に則した料理を用意したりするなど，宗教的慣習に配慮した職場環境の整備といった課題が受け入れ側に生じると思う。

4. 紛争と社会運動 （p.67）
①アラブの春　②難民　正誤：上から〇×〇×〇
③イラン・イスラーム
Try　上から〇〇×

Plus Ultra グループ3のまとめ （p.68-69）
①世界　②北（南）　③南（北）　④西　⑤南　⑥北　⑦東
⑧西アジア　⑨多　⑩少　⑪イラン　⑫東アジア　⑬日本
⑭スリランカ　⑮モンゴル　⑯民族　⑰インド
Check　上から〇××

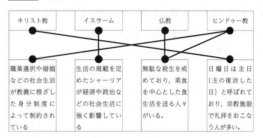

キリスト教	イスラーム	仏教	ヒンドゥー教
職業選択や婚姻などの社会生活が教義に根ざした身分制度によって制約されている	生活の規範を定めたシャーリアが経済や政治などの社会生活に強く影響している	無駄な殺生を戒めており，菜食を中心とした食生活を送る人々がいる。	日曜日は主日（主の復活した日）と呼ばれており，宗教施設で礼拝をおこなう人が多い。

第1章　生活文化の多様性と国際理解　グループ4テーマ1
1. 歴史と自然環境 （p.70-71）
正誤：上から×〇〇　①自治権　②市壁　③教会
④ライン川　⑤北海・バルト海　⑥都市連合体　⑦EU
Work　❶❷省略
Check & Work　❶a: 大西洋　b: イベリア　c: ピレネー
d: アルプス　e: 地中　f: 黒　g: バルト　h: 北
❷アテネ，ベルリン，モスクワ　❸省略
❹ 1: パリ　2: ヘルシンキ　3: ローマ　4: 札幌
⑧安定陸塊　⑨変動帯　⑩偏西風　⑪西岸海洋性
⑫地中海性

2. 地域の統合の深化・拡大 （p.72-73）
①ゲルマン　②ロマンス　③スラブ　④ドイツ
⑤フランス　⑥プロテスタント　⑦カトリック　⑧正教
正誤：上から〇×××〇
Check　❶〇〇
Work　❶❷❸省略　❹⑨ 1967　⑩ EC　⑪ 1993
⑫マーストリヒト　⑬ 1999　⑭ユーロ　⑮ 2002

⑯リスボン　正誤：上から○○×

Try 【解答例】シェンゲン協定圏では国境管理が撤廃されているため，たとえば今まで「旅行」だったものが「買い物」に，「移住」だったものが「引っ越し」に置き換わっており，生活上の利便性は確実に増していると思われる。また，国境管理の撤廃は人の移動を増やし，受け入れ国に多様性をもたらしている。しかしその一方で，多様性を背景とした住民間の不和などの課題も生じている。

３．地域の統合と多文化共生　(p.74-75)

正誤：上から○×○×

Check & Work　❶省略　❷上から××××

①イタリア　②トルコ　③フランス　④欧州難民・移民

⑤排外主義　⑥多文化共生

４．地域の統合と農業　(p.76-77)

①混合農業　②酪農　③移牧　④園芸農業

⑤地中海式農業　⑥共通農業政策（CAP）　⑦関税

⑧保護主義　⑨補助金　⑩有機農業　正誤：上から×○○

Try 【解答例】関税撤廃は輸出の容易さを向上させるため，今まで知られていなかった食品が日本ないしはＥＵ諸国で浸透し，食文化として定着・定番化する可能性もある。また，関税撤廃による輸入品の増加は買い物における選択肢を広げ，双方の日常的な食生活，ひいては食文化に変容をもたらす可能性もある。一方，安価な輸入品の増加は市場競争の激化をもたらすため，関連する国内産業の衰退を招く可能性もある。

Check & Work　❶省略　❷①　❸省略

❹上から×○○×

５．地域の統合と工業　(p.78-79)

①三角地帯　②ルール・ザール炭田　③ロレーヌ鉱山

④石炭　⑤石油　⑥石油化学　⑦先端技術

⑧ブルーバナナ　⑨航空機　⑩エレクトロニクス

正誤：上から××○×

Work　❶省略　❷○

正誤：上から×○○

Try ⑪酸性雨　⑫リサイクル　⑬再生可能

⑭パークアンドライド

第1章　生活文化の多様性と国際理解　グループ4テーマ2
１．歴史と自然環境　(p.80-81)

①スラブ　②キリスト　③シベリア　④オホーツク

⑤南下　⑥不凍港　⑦黒海　⑧クリミア　⑨カフカス

⑩ソビエト社会主義共和国連邦（ソ連）　⑪15

⑫社会主義　⑬計画経済　正誤：上から××○

⑭社会主義　⑮資本主義　⑯1990　⑰原油　⑱プーチン

⑲中央集権化

Check & Work　❶a: 北極　b: バルト　c: 黒

d: カフカス　e: カスピ　f: 東ヨーロッパ　g: ウラル

h: 西シベリア　i: オホーツク　j: ベーリング　❷省略

❸7時間　❹省略　❺右　❻c, d

２．国土の拡大と多民族国家の成立　(p.82-83)

①スラブ　②多民族国家　③東方正教　④ロシア

⑤キリル

正誤：上から○×○×　正誤：上から○××○○

Work　❶省略　❷教 p.99 参照

⑥天然ガス　⑦経済成長　⑧ BRICS　⑨資源依存

⑩カスピ海　⑪中国　⑫ ASEAN

３．国家の変容による産業と生活文化への影響　(p.84-85)

①てんさい　②黒色土　③綿花　④小麦

Check & Work　❶省略

❷スラブ／おもな耕地／農業に適した地域

正誤：上から○○×○×　⑤化石燃料　⑥天然ガス

⑦自動車　⑧中古車　⑨ソ連　⑩○　⑪東部　⑫○

第1章　生活文化の多様性と国際理解　グループ4テーマ3
１．歴史と自然環境　(p.86-87)

①金　②アラブ　③ダウ　④スワヒリ　⑤奴隷

⑥三角貿易　⑦タバコ　⑧綿花（砂糖）　⑨砂糖（綿花）

Work　❶省略

⑩植民地　⑪アフリカの年　⑫人為

Work　❶a: アトラス　b: サハラ　c: ナイル　d: ギニア

e: コンゴ　f: キリマンジャロ　g: カラハリ　h: ナミブ

i: ドラケンスバーグ　❷❸省略　❹A

⑬安定陸塊　⑭侵食　⑮高い　⑯大地溝帯　⑰火山　⑱湖

正誤：上から○○×○

２．多民族社会の暮らしと生活文化　(p.88-89)

正誤：上から○○×　①民族　②スワヒリ　③イスラーム

Check & Work　❶❷省略

❸英語／アラビア語／スワヒリ語など

Work　❶省略　❷③

④焼畑　⑤キャッサバ　⑥雑穀　⑦牧畜

正誤：×

Try 【解答例】利便性の向上は，生活文化を変化させる

大きな理由の1つであるように思う。たとえば，交通インフラの整備は，家事や労働のあり方はもちろんのこと，従前の「時間」に対する意識にも影響を及ぼし，生活文化の根本的な変容につながる可能性がある。

3．社会の分断と経済 (p.90-91)
①プランテーション　②カカオ豆　③商品作物
④モノカルチャー　⑤原油　⑥1991　⑦アパルトヘイト
⑧黒人　⑨BRICS　⑩ICT　⑪観光客
正誤：上から×○

Check & Work　❶❷省略　❸上から○××
正誤：上から○×

Try　【解答例】運輸（道路や港湾）や情報通信技術（ICT），公衆衛生にかかわる各種インフラへの投資拡大は，より収入を得られる都市部へのアクセス性の向上や雇用機会の創出に直結するほか，人々の暮らしや健康といった生活水準の直接的な改善・安定にもつながる。一方で，とりわけ都市部におけるインフラ投資の急速な拡大は，都市部への人口の過集中と農村部の過疎化を生み出し，都市問題や所得格差問題の発生につながる可能性もある。

4．かわるアフリカと多文化共生 (p.92-93)
正誤：上から○××

Work　❶省略　❷上から○○
①格差　②2010　③SDGs
正誤：上から×○×○
④エコツーリズム　⑤ケニア　⑥2002　⑦アフリカ連合

Try　【解答例】個人レベルでの支援は困難であるため，やはり国際・政府レベルでの支援が前提になると思う。その代表例として政府開発援助（ODA）があるが，このうちの二国間援助は大きく返済義務のない贈与と義務のある政府貸付に大別される。私は，このうちの贈与の割合を増やすべきだと思う。日本の場合は，たとえば蓄積された農林水産業関連の知識・技術・経験を伝えるなど，贈与のなかでもとりわけ技術協力の拡充が重要であると思う。農林水産業は人々の暮らしに直結するため，まず産業の効率化や収穫量の向上を目指すことは生活改善に直結すると思われる。さらに，知識や技術は物的な支援とは異なり，後世に伝えていくことが可能であるため，持続可能性といった側面でも効果的であると思う。

Plus Ultra　グループ4のまとめ (p.94-95)
①価値観　②言語（宗教）　③宗教（言語）　④生活様式
⑤多民族国家　⑥格差　⑦紛争　正誤：上から××○

⑧中国語　⑨英語　⑩イギリス　⑪公用語　⑫国境線
⑬フランス
Work　❶省略　❷上から○○×

1．歴史と自然環境 (p.96-97)
①先住民　②コロンブス　③17　正誤：上から○××
④イギリス　⑤13　⑥独立革命　正誤：上から×○×○
Work　❶上から時計回りに…北東南西
❷【解答例】開拓の進行により，先住民が西方へ追いやられている。
Check & Work　❶a: 太平　b: ロッキー　c: プレーリー
d: ハドソン　e: ミシシッピ　f: 中央　g: 五大
h: アパラチア　i: 大西　❷②　❸④
⑦変動帯　⑧カナダ楯状地　⑨氷河湖　⑩西
⑪100　⑫500

2．移民国家の発展と人々の生活 (p.98-99)
①ヨーロッパ　②アフリカ　③プランテーション
④産業革命
Work　❶上から○○××
Check　⑤ヒスパニック　⑥スペイン　⑦低賃金
⑧若年　⑨アジア
正誤：上から×○×○×　⑩大量生産　⑪大量　⑫自動車

3．移民に支えられる農業とアグリビジネスの発展 (p.100-101)
①混合農業　②トウモロコシ　③大規模　④企業的農家
正誤：上から××○　⑤センターピボット
⑥コーンベルト　⑦フィードロット　⑧アグリビジネス
⑨遺伝子　⑩メジャー　⑪土壌　⑫地下水
Work　❶❷❸省略　❹上から○○××

4．移民が支えた工業と情報通信技術産業の発展 (p.102-103)
正誤：上から○×○×○　①石炭　②鉄鉱石　③鉄鋼
④大量生産　⑤自動車　⑥メキシコ湾　⑦石油
⑧天然ガス　⑨37　⑩サンベルト　⑪ラストベルト
⑫先端技術産業　⑬ピッツバーグ　⑭情報通信技術
⑮シリコンヴァレー　⑯インターネット
Work　❶❷❸省略　❹12456810に○
Try　上から○○×○

1．歴史と自然環境 (p.104-105)
①ユカタン　②メキシコ　③アンデス　④インカ

9

⑤トウモロコシ　⑥ジャガイモ　⑦コルテス

⑧アステカ　⑨ピサロ　⑩トマト　⑪インフルエンザ

⑫ポルトガル　⑬銀　⑭アシエンダ　⑮サトウキビ

⑯アフリカ

Check & Work　❶a: メキシコ　b: 西インド　c: カリブ

d: オリノコ　e: ギアナ　f: アマゾン　g: ブラジル

h: アタカマ　i: ラプラタ　j: パンパ　k: パタゴニア

❷1

❸❹❺省略　❻上から○○×○

2．独自のラテン系文化の形成　(p.106-107)

①スペイン　②ポルトガル　③ブラジル　④英

⑤クレオール　⑥キリスト　⑦カトリック

正誤：上から○×○

Try　【解答例】主な理由として，スペインやポルトガル
による16世紀以降の植民地化とそれにともなってヨー
ロッパ人の移住者が増加したこと，植民地時代にアフリカ
から多くの奴隷が労働力として連れてこられたこと，奴隷
制が廃止された19世紀以降の労働力不足を補うためにイ
タリアやドイツ，日本などからも多くの人々が移住したこ
と，が挙げられる。

Work　❶省略　❷上から○○×

3．移民がもたらした大規模な農業　(p.108-109)

①リャマ　②アルパカ　③ジャガイモ　④トウモロコシ

⑤バナナ　⑥コーヒー　⑦大土地所有制（アシエンダ）

⑧バナナ　⑨サトウキビ　⑩コーヒー　⑪小麦　⑫肉牛

⑬アボカド　⑭トマト　⑮カーネーション　⑯ワイン

正誤：上から○×○×○　正誤：1番上の選択肢が○

4．移民が興した鉱工業とその発展　(p.110-111)

①銀（銅）　②銅（銀）　③すず　④産油　⑤原油

⑥鉄鉱石　⑦モノカルチャー　⑧輸入代替型

Check & Work　❶❷❸❹省略　❺チリ

時系列：上から4132

⑨債務　⑩自由貿易　⑪南米南部共同市場（MERCOSUR）

⑫CPTPP

Check & Work　❶×

第1章　生活文化の多様性と国際理解　グループ5テーマ3
1．歴史と自然環境　(p.112-113)

①アボリジニ　②狩猟採集　③スペイン　④ポルトガル

⑤オランダ　⑥イギリス　⑦マオリ　⑧シドニー

⑨ゴールドラッシュ　⑩キャンベラ　⑪白豪主義

⑫多文化主義

語句選択：青＝アメリカ領／オレンジ＝オランダ領／
緑＝イギリス領／ピンク＝フランス領／黄＝ドイツ領

Check & Work　❶a: グレートヴィクトリア

b: グレートアーテジアン　c: トレス

d: グレートディバイディング　e: グレートバリア

f: タスマニア　g: クック　h: ニュージーランド

i: メラネシア　j: ミクロネシア　k: ポリネシア

❷❸❹省略　❺右　❻h

2．先住民と移民による多文化社会　(p.114)

①白豪主義　②英語　③多文化社会　④ベトナム

⑤インドシナ　⑥中国　⑦多文化主義　⑧アボリジニ

時系列：上から321

国名：⑨ニュージーランド　⑩中国

3．移民による島嶼の生活文化の変化　(p.115)

①酪農　②羊毛　③キウイフルーツ　④マオリ　⑤英語

正誤：上から○×○○

Try　【解答例】2020年，ニュージーランドの主要メディ
アが，長年にわたって無自覚に植民地主義的な偏見をもっ
て，先住民マオリを描写してきたことを公式に認め，謝罪
するという事件が生じた。このことから，マオリに対する
ステレオタイプはニュージーランドの主流社会（ヨーロッ
パ系住民主体の社会）においていまなお色濃く残っている
ことがうかがえる。人々の意識に刷り込まれたこうした価
値観は，コミュニティのなかで再生産される可能性が高く，
世代を超えて影響を及ぼす可能性がある。ただし，ニュー
ジーランドは多文化主義の考え方が広く浸透している国で
あるため，社会単位ではなく個人単位でみれば，こうした
価値観について違和感をもつ人々も多いと思われる。その
ため，そうした人々がヨーロッパ系住民や先住民といった
くくりを超えて新たなコミュニティを形成し，それが社会
の主流となっていけば，価値観の再生産は消失し，本当の
意味での多文化社会の基盤がつくられるのではと思う。

参考文献：マオリであるということ－自画像と他者像の再
検討－

「ソシオロジスト」(武蔵大学社会学部), 23, 123-148, 2021

4．多文化社会における生産活動と経済統合(p.116-117)

①オージー　②フィードロット　③穀物　④酪農

⑤アジア　⑥日本食　⑦鉄鉱石　⑧先住民

正誤：上から○×××○

Work　❶❷❸❹省略

❺ 1と3（1はケープタウン／Cs気候という点で関連）

Work ❶❷省略 ❸上から○○×

Plus Ultra グループ5のまとめ (p.118-119)
①ヨーロッパ　②奴隷貿易　③アフリカ　④価値観

Work ❶省略　❷B　❸上から×○○×

⑤画一化　⑥多様化　⑦ソーシャルメディア

Check 上から×○×

第2章　地球的課題と国際協力

1．人口問題の展開と対策 (p.120-121)
①人口爆発　②西ヨーロッパ諸国　③発展途上国
④多産多死型　⑤出生率　⑥死亡率　⑦多産少死型
⑧国連世界人口会議　⑨国際人口・開発会議　⑩カイロ
⑪リプロダクティブヘルス－ライツ　正誤：上から×○×

Check & Work ❶省略　❷上から○×

Try 上から○○××○

2．アンバランスな人口分布 (p.122-123)
①少子化　②晩婚化　③非婚化　④高齢化　⑤医療
⑥平均寿命　⑦生産年齢　⑧労働力　⑨社会保障費
⑩経済　⑪社会　⑫高負担・高福祉　正誤：上から×○×

Try バブル経済の崩壊以降，日本の賃金水準は伸び悩んでおり，そのことが「子育てや教育に対する家計負担の重さ」につながっていると思われる。そのため，少子高齢化問題の解決をはかるためにはまずもって子育て世代の負担軽減策を実施していく必要がある。また，少子高齢化問題の中・長期的な解決といった観点に立つと，「教育投資」が効果的なのではと私は考える。たとえば，初等教育段階から無償でICTを利活用できる環境を全国一律で整備するなど，将来の技能や賃金水準の向上に直結しうる政策を国主導でおこなっても良いのではと思う。

Check & Work ❶❷省略　❸上から○○××

3．食料問題 (p.124-125)
①不足　②緑の革命　③人口　④設備投資　⑤紛争
⑥干ばつ　⑦ぜいたく　⑧食品関連産業　⑨フードロス
⑩飽食　⑪肥満

Check 上から×○×

⑫先進国　⑬穀物メジャー　⑭投機　⑮発展途上国
⑯商品作物　⑰飼料　⑱食肉　⑲バイオ燃料　⑳国際連合
㉑援助　㉒資金　㉓SDGs　㉔ODA　㉕JICA
㉖ネリカ米　㉗NPO　㉘NGO　㉙フェアトレード

4．都市・居住問題 (p.126-127)
①雇用　②農村　③都市　④首位都市　⑤大気　⑥水質
⑦渋滞　⑧湿地　⑨傾斜地　⑩スラム　⑪感染症
⑫教育　⑬ドーナツ化現象　⑭インナーシティ問題
⑮スプロール現象　⑯再開発
⑰ジェントリフィケーション　⑱コンパクトシティ
⑲ロードプライシング　⑳スマートシティ

Check & Work ❶省略　❷ 1：アフリカ　2：アジア
3：ヨーロッパ　4：ラテンアメリカ　5：北アメリカ
6：オセアニア　❸上から×○×○××

5．エネルギー資源 (p.128-129)
①石炭　②石油　③エネルギー革命　④輸送　⑤熱効率
⑥国際石油資本　⑦資源ナショナリズム　⑧石油危機

Check & Work ❶上から○○○　❷ 1：アメリカ合衆国
2：サウジアラビア（ロシア）　2：ロシア（サウジアラビア）
3：イラク　4：アラブ首長国連邦
⑨原子力発電　⑩アメリカ合衆国　⑪旧ソ連　⑫日本
⑬天然ガス　⑭シェールガス　正誤：上から×○○
⑮スマートシティ　正誤：上から○××

6．地球環境問題 (p.130-131)
①気温上昇　②温室効果　③二酸化炭素　④化石燃料
⑤森林　正誤：上から○×○　⑥地球サミット
⑦気候変動枠組条約　⑧京都議定書　⑨先進国
⑩排出量取引

Check 上から○○××

⑪パリ協定　⑫途上　⑬2　⑭酸性雨　⑮硫黄
⑯人口増加　⑰農地　⑱生態系　⑲生物多様性
⑳ラムサール　㉑ワシントン　㉒砂漠化　㉓土壌侵食
㉔塩類集積　㉕砂漠化対処

Check 上から○×○

7．地球的課題の解決に向けた国際協力 (p.132)
①国連人間環境　②かけがえのない　③地球サミット
④持続可能な開発　⑤ミレニアム開発目標　⑥SDGs

Try ❶ 2：C　3：C　4：A　7：B　11：B　13：B

Plus Ultra プラスチックごみを考えてみよう (p.133)
Check 上から○××

Try 【解答例】

削減：プラスチック製品は日常生活に欠かせないものとなっているため，「プラスチックそれ自体を削減すべき」という一面的な考え方には違和感を覚える。主要な問題は

あくまで「ごみが環境に与える影響」であるため，たとえば，ごみの総量が多い国々が主導して，「バイオプラスチック」への開発投資を共同でおこない，既存のプラスチックと代替する政策を実施するといった方向性の議論が必要なのではと思う。

管理：適切に管理できていない国の多くは，アジアやアフリカに集中しており，とりわけ人口の多い中国やインドネシアではごみの発生量も多い。一方で，先進諸国はごみの発生量こそ多いものの，適切な管理をおこなっている国が多い。このことから，先進諸国にはごみを適切に管理するノウハウが蓄積されていると想定されるため，こうしたノウハウを共有することで管理のあり方を改善できるのではと思う。

第3編　持続可能な地域づくりと私たち
第1章　自然災害と防災

1．日本の自然環境 (p.134-135)
①プレート　②隆起　③可住　④断層　⑤マグマ
Check & Work　❶❷省略
⑥季節風　⑦フェーン　⑧西高東低　⑨日本海
⑩移動性高気圧　⑪温帯低気圧　⑫梅雨　⑬秋雨　⑭台風
Check & Work　❶熊本：6月／B　金沢：12月／A
札幌：9月／C，D　東京：9月／C，D
❷春から夏

2．地震・津波と対策 (p.136-137)
①海溝　②直下　③浅い　④津波　⑤液状化　⑥火災
Check & Work　❶省略　❷⑦北アメリカ　⑧ユーラシア
⑨太平洋　⑩フィリピン海　❸○
⑪東部　⑫南部　⑬新潟　⑭濃尾　⑮大阪　⑯身
⑰避難路　⑱火　⑲情報　⑳高い　㉑山崩れ
Try　上から○○○×

3．火山災害と対策 (p.138)
Work　❶省略　❷①有珠　②御嶽　③富士　④箱根
⑤伊豆大島　⑥雲仙　⑦桜島
⑧噴石　⑨火砕流　⑩火山灰　⑪溶岩流
正誤：上から○×○

Plus Ultra 地形図演習④ (p.139)
Mission　★1★2：下図参照

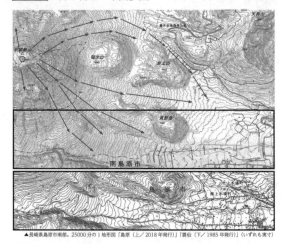

▲ 長崎県島原市南部。25000分の1地形図「島原（上／2018年発行）」「雲仙（下／1985年発行）」（いずれも実寸）

★3：【解答例】貝野岳の南西部にあった谷や水無川に沿って形成されていた谷が火砕流によって埋められたことで，比較的なだらかな地形へと変化している。

4．風水害と対策 (p.140)
①梅雨　②秋雨　③台風　④越流　⑤破堤　⑥排水
⑦浸透
正誤：上から○×○
正誤：上から4番目の選択肢が×

Plus Ultra 地形図演習⑤ (p.141)
Mission　★1：上から××○
★3：【解答例】揖斐川，大江川，長良川沿いの，標高0mよりも高い土地に集中している。

5．雪害・高温と対策 (p.142)
正誤：上から×○×
Work　❶省略　❷2
①減少　②ヒートアイランド　③フェーン　④猛暑日
正誤：上から○○×

6．防災・減災への取り組み (p.143)
正誤：上から○○×○○
Try　上から1312231

6 防災・減災への取り組み

災害に備えて − 防災・減災への取り組み −

■次の文章が正しい場合は○を，誤っている場合は×を［　］に記入しよう。

［　］各自治体で作られる，自然災害にあわせたハザードマップでは，被害の想定範囲や緊急避難経路などを知ることができる。

［　］防災対策を検討する DIG や LODE と呼ばれるゲームで訓練することで，災害への考え方を養うことができる。

［　］自分自身の安全を守ったり，自分の家の安全対策をとったりすることを共助と呼び，防災・減災に向けた行動の基本となる。

［　］地域住民や学校などで避難訓練や防災講習などをおこなうことで，減災に向けた準備をすることができる。

［　］防災マップを自ら作成し，防災や減災のために自分たちにできることを考えることで，災害リスクを軽減することができる。

> **Try** 次の文章のうち，自助に関連する文章の［　］には1を，共助に関連する文章の［　］には2を，公助に関連する文章の［　］には3を，それぞれ記入してみよう。
>
> ［　］ハザードマップなどを用いた周辺地域の危険性の把握。
> ［　］被災者の救助や救援物資の輸送を目的とした車両のみ通行できる通路の建設。
> ［　］大雨の際に，近所の川の水位情報をリアルタイムで取得すること。
> ［　］避難から避難所での共同生活までを想定した地域住民主体の防災訓練。
> ［　］地域における高齢者世帯のリスト化および日常的な情報共有。
> ［　］避難所の開設および避難所機能の充実。
> ［　］長期保存できる食料や飲料水，常備薬などの日用品の備蓄。

●写真・資料提供（敬称略・五十音順）

GRID-Arendal　PPS 通信社　阿蘇市土木部砂防課　アフロ　気象庁
国際連合　国土地理院　古今書院　砂防・地すべり技術センター　産
業経済新聞社　清水英範　鈴木隆介　東京大学出版会　日本貿易振興
機構アジア経済研究所　原書房　ベレ出版　山本紀夫

［（地総 702）地理総合］準拠
地理総合　演習ノート

表紙デザイン——鈴木美里
本文基本デザイン——株式会社オルタナプロ

●編　者　実教出版編修部

●発行者　小田　良次

●印刷所　図書印刷株式会社

●発行所　実教出版株式会社

〒102-8377
東京都千代田区五番町5
電話〈営業〉(03)3238-7777
　　〈編修〉(03)3238-7753
　　〈総務〉(03)3238-7700
https://www.jikkyo.co.jp/

002402022

ISBN 978-4-407-36005-9